Ulrich Busch · Puschkin

ULRICH BUSCH

PUSCHKIN

Leben und Werk

ERICH WEWEL VERLAG MÜNCHEN

QUELLEN UND STUDIEN ZUR RUSSISCHEN GEISTESGESCHICHTE
HERAUSGEBER: LUDOLF MÜLLER
BAND 7

CIP-Titelaufnahme der Deutschen Bibliothek

Busch, Ulrich:
Puschkin: Leben und Werk / Ulrich Busch. – 1. Aufl. – München: Wewel, 1989
(Quellen und Studien zur russischen Geistesgeschichte; Bd. 7)
ISBN 3-87904-105-9
NE: GT

1. AUFLAGE 1989

UMSCHLAGZEICHNUNG VON ANTON OBERFRANK
UMSCHLAGGESTALTUNG: SIEGBERT SEITZ
HERGESTELLT IN DEN WERKSTÄTTEN DER
VERLAG UND DRUCKEREI G. J. MANZ, DILLINGEN/DONAU

ISBN 3-87904-105-9

Inhalt

Puschkin in Rußland

»Puschkin ist eine außerordentliche und vielleicht die einzige Manifestation des russischen Geistes, hat Gogol gesagt. Und ich füge hinzu: eine prophetische.«
Mit diesen Worten beginnt die berühmte Festrede, die Dostojewski 1880, ein halbes Jahr vor seinem Tod, zur Einweihung eines Puschkin-Denkmals in Moskau gehalten hat, eine enthusiastische Hymne auf den Dichter und zugleich eine aktualisierende Deutung seines Werks. Er hat diese Rede in seinem »Tagebuch eines Schriftstellers« veröffentlicht und mit einem »erklärenden Vorwort« versehen, das den vermächtnisartigen nationalen Appell an die »westlerische«, revolutionär gesinnte russische Intelligenz verstärkt und verdeutlicht.

Unter vier Aspekten charakterisiert Dostojewski seinen geliebten »prophetischen« Dichter: Puschkin habe »als erster mit seinem tief durchdringenden Geist und seinem echt russichen Herzen das wichtigste, krankhafte Gebilde unserer fundamentlosen, über das Volk sich hinwegsetzenden Intelligenz entdeckt und gekennzeichnet«; er habe »als erster die typisch russische Schönheit, die unmittelbar aus dem russischen Geist hervorgeht und sich in der Wahrheit unseres Volks, in unserem Fundament befindet, künstlerisch gestaltet«; er sei zur »universalen Einfühlung in die Genies anderer Völker und zur fast vollkommenen Aneignung dieser Genies« fähig gewesen; er sei »als vollkommener Künstler auch der vollkommene Repräsentant« dieser typisch russischen »Fähigkeit zur universalen Einfühlung und universalen Befriedung« aller Gegensätze.

Heute ist in Rußland solche enthusiastische Puschkin-Verehrung weiter verbreitet als je zuvor. »Ein Russe, der Puschkin nicht versteht, hat kein Recht, sich Russe zu nennen« – diese Dostojewskische These hat sich gewissermaßen im sowjetischen Rußland als »prophetisch« erwiesen.
Puschkin selbst hat seine Präsenz in Rußland zum Thema eines Gedichts gemacht, das er ein halbes Jahr vor seinem Tod geschrieben hat und das als sein Vermächtnis gelesen werden kann:

Exegi monumentum (1836)

Ein Denkmal schuf ich mir, nicht mit der Hand errichtet,
ununterbrochen bahnt das Volk zu ihm den Pfad,
unbändig ragt es auf, und seine Größe schlichtet
der Siegessäulen stolzen Staat.

Nein, ganz vergeh ich nicht – im Klang der Lyrasaiten
wird meine Seele sein, lebendig, unversehrt,
und rühmen wird man mich noch in den fernsten Zeiten,
solang man Dichter bei uns ehrt.

So weit wie Rußland reicht, erhört man meine Muse,
aus jedem Volk im Land tönt mein Gesang zurück,
mich kennt das Slawenkind, der Finne, der Tunguse
und in der Steppe der Kalmück.

Und lange wird das Volk mich noch im Herzen tragen,
da ich zum Lieben Kraft in meine Lieder tat,
da ich die Freiheit pries in unsern strengen Tagen
und für die Schuldverstrickten bat.

Dem Willen Gottes sei, o Muse du, ergeben
und fürchte Kränkung nicht und fordre keinen Ruhm;
ob Tadel oder Lob, laß uns in Gleichmut leben
und laß dem Tor sein Narrentum.

Liebe, Freiheit, Verantwortung für die Mitmenschen – das sind die Themen, die Puschkin in diesem »testamentarischen« Gedicht mit seiner dichterischen Wirkung verbindet. Das Gedicht ist im klassisch/klassizistischen alexandrinischen Versmaß verfaßt – bis auf die verkürzte vierte Verszeile jeder Strophe, die den feierlichen Tonfall dämpft. Wie der Hinweis auf Horaz – Exegi monumentum – so verweisen auch das Versmaß, die stilistische Höhe, das Thema der »pädagogischen« Wirkung und potentiellen Universalität des Dichters auf die klassische Tradition, die den Dichter sowohl aus dem privat-persönlichen als auch aus dem geschichtlich-gesellschaftlichen Bereich der Wirklichkeit heraushebt. Zugleich verweist aber die Betonung und Heroisierung des poetischen Ich auf die romantische Tradition. Doch Puschkin modifiziert und nivelliert diese beiden Traditionen in bezug auf seine eigene dichterische Existenz: Abweichend von der klassischen/klassizistischen Tradition begründet er die Sonderstellung des Dichters nicht in einer abstrakten idealen Sphäre; und abweichend von der romantischen Tradition begründet er sie nicht in seiner persönlichen schöpferischen Individualität. Vielmehr begründet er sie, unter Berufung auf »Gottes Willen«, existentiell-realistisch in der geschichtlich-realen, potentiell universalen, vielsprachigen Kommunikationsgemeinschaft, die über Zeiten, Räume, Kultur- und Sprachgrenzen (zwischen Slawen, Finnen, Tungusen usw.) hinweg seine Stimme bewahrt.

»Das Gedicht ›Ein Denkmal schuf ich mir . . .‹ gehört zu den berühmtesten lyrischen Werken Puschkins. Jeder Schriftkundige unter uns kennt es, jeder Schüler kann es auswendig.« So beginnt – über ein Jahrhundert nach Dostojewskis Festrede – das Buch »Puschkin und die Weltliteratur«, das eine Sammlung von Aufsätzen eines international renommierten russischen Literaturwissenschaftlers enthält[1]*.

Dem Westen ist Puschkin aber – im Gegensatz zu Dostojewski, Tolstoi, Tschechow – mehr oder weniger fremd geblieben. Vielleicht weil er eben doch allzu russisch ist?

* Alle Anmerkungen finden sich, nach Kapiteln getrennt, am Ende des Buches, S. 106. Alle *Literaturangaben,* die mit einem Stern versehen sind, sind nur in russischer Sprache erschienen.

Das poetische Wunderkind

Die Selbständigkeit, die der reife Puschkin gegenüber den ursprünglich westeuropäischen Traditionen des Klassizismus und der Romantik bekundet, macht sich ansatzweise schon beim heranwachsenden geltend: Schon in seinen frühen Gedichten läßt Puschkin eine Stimme hören, die den Tonwandel von der rationalen klassizistischen zur emotionalen romantischen Poesie nicht bloß schülerhaft nachvollzieht, sondern schon persönlich-eigenartig moduliert.

Die »leichte Poesie« des Sentimentalismus, die den klassizistischen aufklärerischen Vernunftkult spielerisch profanisierte und statt des Universums und der Menschheit die Privatsphäre und Innenwelt der lebensgenießerischen Gesellschaft thematisierte, war das Übungsgenre des jungen Puschkin[1].

Das aristokratische, salongesellschaftliche Moskauer Elternhaus, in dem Puschkin am 26. Mai (= 6. Juni) 1799 als zweites Kind geboren ist, war für den Heranwachsenden mehr eine sentimentalistische Bildungsstätte als ein Zuhause: Verslein und Theaterstückchen, rhetorisch geschmückt mit antiken Figürchen, meist in französischer Sprache, gehörten zu dem alltäglichen Gesellschaftsspiel, das der Mutter und dem Vater wenig Zeit ließ, ihre Elternrolle wahrzunehmen. Kaum acht Jahre alt, begann auch Puschkin französisch zu dichten und sich mit seinem Onkel Wasíli in Versen zu unterhalten und zu necken, wobei er sich gegen den Spott seiner verständnislosen französischen Hauslehrer durchzusetzen lernte.

Die Puschkins waren aber trotz ihrer Bindung an die französische Kultur keine »Gallomanen«; sie verkehrten mit den angesehensten Repräsentanten des russischen Sentimentalismus und der frühen russischen Romantik – Karamsín, Bátjuschkow, Shukówski. Jedenfalls verdankte der kleine Puschkin dem literarisch aufgeschlossenen Salon seines Elternhauses die Einübung in die poetische Praxis und den Zugang zur europäischen, besonders zur französischen Literatur (Molière, Voltaire, La Fontaine, Parny). Gleichzeitig wurde ihm in seinem Kinderzimmer von seiner Großmutter, der Enkelin des (abessinischen) »Mohren Peters des Großen«, und von seiner geliebten Njanja ein ganz anderer poetischer Bereich erschlossen, nämlich russische Folklore (Märchen, Lieder, Sprichwörter, Brauchtum).

Als der zwölfjährige Puschkin mit dreißig anderen privilegierten Söhnen des russischen Adels in das von Zar Alexander I. gegründete Lyzeum von Zárskoje Seló (heute Puschkin) bei Petersburg aufgenommen wurde, war er auf die persönliche Begegnung mit der »Muse«, seiner künftigen »Lebensgefährtin«, vorbereitet. In seinem Versroman »Eugen Onégin« beschreibt er, etwa fünfzehn Jahre später, diese Begegnung:

Als ich in fernen Jugendtagen
im Garten des Lyzeums saß
und Apulejus mit Behagen,
doch Cicero nur ungern las,
da war's, daß unter alten Bäumen,
am stillen Teich, wo Schwäne träumen,
im Frühling, auf verschwiegnem Pfad
die Muse plötzlich zu mir trat.
Von da an war sie stets zur Stelle,
sie zeigte mir ihr helles Reich
und lehrte mich so manchen Streich
in meiner engen Schülerzelle;
sie sang von Herzenslust und Leid
und von dem Ruhm vergangner Zeit. (VIII/1)

Die hier charakterisierte Muse des jungen Puschkin ist zwar durchaus noch sentimentalistisch geprägt, hat aber nicht mehr die Züge einer französelnden Rokokodame im Moskauer Salon; sie ist russifiziert und individualisiert[2].

Die russische Geschichte, der Krieg mit Napoleon von 1812, hat das russische Selbstbewußtsein auch in den Schülern des Lyzeums von Zárskoje Seló geweckt. Die russische Aristokratie entzog sich der Bindung an die französische Kultur, nahm romantische Anregungen aus England und Deutschland auf und kultivierte die eigene nationale Identität und individuelle Freiheit.

Puschkins frühe Gedichte (1813–1815) – »An Natalja«, »An meinen Freund den Dichter«, »An Bátjuschkow«, an Mitschüler und

Freunde im Lyzeum, an die verehrten Dichter in der Bibliothek von Zárskoje Seló – umspielen das Motiv der Individualität und Eigenständigkeit des Dichters in der Liebe, in der Freundschaft, in der Poesie, in der europäischen Literaturtradition. Aber der fünfzehnjährige Puschkin lernte auch ernst und elegisch zu dichten, angeregt von Shukówskis romantischen Elegien, Balladen und genialen Übersetzungen aus dem Englischen (T. Gray, O. Goldsmith) und Deutschen (G. A. Bürger, Schiller, Goethe). Bei seinen Lehrern und Mitschülern hatte er mit seinen Gedichten solchen Erfolg, daß er ausersehen wurde, auf einer Schulfeier, in Anwesenheit des damaligen »Klassikers« der russischen Literatur, Dersháwin, ein Gedicht (»Erinnerungen in Zárskoje Seló«) vorzutragen; es fand großen Beifall und wurde noch im selben Jahr (1815) in der Zeitschrift »Russisches Museum« veröffentlicht. Von diesem Glück mit seiner Muse spricht Puschkin in »Eugen Onégin«:

Man hat uns lächelnd aufgenommen,
und der Erfolg hat uns beglückt;
Dersháwin selbst hieß uns willkommen,
sein Segenswunsch hat uns entzückt. (VIII/2)

Im freundschaftlichen Kreis der jungen Adligen, die im Lyzeum ziemlich liberal von gebildeten, mit westeuropäischer Kultur vertrauten Lehrern unterrichtet wurden, fand Puschkin das aufgeschlossene, poetisch stimulierende Publikum, an dem er sich sein Leben lang als Dichter orientieren konnte. Den persönlichen Kontakt mit diesem Leserkreis brachte er von Anfang an auf vielfältige Weise, mehr oder weniger ausdrücklich, in seine Werke ein.

Sein früher Erfolg, seine Geltung als poetisches Wunderkind, verschaffte ihm schon vor Beendigung der Lyzeumszeit den Zugang zu jener Vereinigung russischer Sentimentalisten und Romantiker, die sich 1815 scherzhaft-programmatisch, unter dem Namen einer abgelegenen Provinzstadt, als »Arsamás-Gesellschaft unbekannter Leute« konstituierte und mit Parodie und Satire gegen das anspruchsvolle klassizistisch-orthodoxe »Colloquium« polemisierte, das die kirchenslawische Tradition zu konservieren und rational-moralisch zu festigen trachtete.

Puschkin selbst verspottete die »grimmige Troika« des erhaben-archaistischen »Colloquiums« (Schischków, Schichmátow, Schachowskói) und rühmte dagen die Arsamás-Dichter (Shukówski, Bátjuschkow, Wjásemski), die, Karamsín folgend, den neuen, eleganten Stil der Empfindsamkeitskultur als Literatursprache benutzten und propagierten.

Die sprach- und kulturhistorische Auseinandersetzung zwischen Archaisten und Neuerern tendierte schon bald nach der Gründung des Arsamás zur Politisierung: Weder die »Schischkowisten« noch die »Karamsinisten« konnten das aktuelle Problem der nationalen Identität und der geschichtlichen Orientierung Rußlands auf die philologisch-historisch-ideologische Gegenüberstellung von »Ostkirche« und »Westsalon« beschränken. Beide Gruppen kultivierten und politisierten auf ihre Weise das erwachte russische Selbstbewußtsein, das zur freien Entfaltung der nationalen und individuellen Kräfte drängte.

In der Sehnsucht nach dem neuen, freien, guten Rußland und im Protest gegen zaristische Willkür und gesellschaftliche Ungerechtigkeit (besonders in Gestalt der Leibeigenschaft) konnten die eigenwilligeren und selbständigeren Archaisten und Neuerer über die kulturpolitischen Barrieren hinweg miteinander harmonieren[3].

Nach Absolvierung des Lyzeums schloß sich Puschkin in Petersburg den jungen Rebellen an, die den Umsturz des absoluten zaristischen Selbstherrschertums planten und später, im Dezember 1825, nach dem Tod Alexanders I., vor der Thronbesteigung Nikolaus I., den offenen (»Dekabristen«-)Aufstand wagten. Bei seinen Freunden trug Puschkin seine Freiheitsgedichte und seine satirischen Epigramme auf zaristische Würdenträger vor; so verstärkte er die revolutionäre Stimmung der jungen adligen russischen Intelligenz. Bei der staatlichen Obrigkeit machte er sich mehr und mehr als Aufrührer verdächtig[4].

Sein politisches Engagement zeigte Puschkin am deutlichsten in der Ode an die »Freiheit« und in den Gedichten an seinen Freund Tschaadájew, den westeuropäisch orientierten, satirischen Kritiker der rückständigen russischen Gesellschaft und zaristischen Autokratie. Ihm bekennt er sich als ein Freiheitsdichter, der politische Verantwortung übernehmen und nicht mehr Liebesdichter sein will:

> »Nicht lange ließen wir uns täuschen
> von Liebe, Hoffnung, stillem Ruhm . . .
> . . .
> Es brennt in uns nur ein Verlangen.
> Voll Ungeduld sind wir erwacht;
> wir haben unterm Joch der Macht
> den Ruf des Vaterlands empfangen . . .«

Dennoch vergleicht der Dichter in den nächsten Versen – gewissermaßen unversehens – sein patriotisches »Warten auf den Augenblick der heiligen Freiheit« mit dem »Warten des jungen Verliebten auf den Augenblick des sicheren Rendezvous«, bevor er auf sein eigentliches, politisches Thema zurückkommt: auf das gemeinschaftliche patriotische Interesse, auf das Erwachen Rußlands, wenn »auf die Trümmer der Autokratie unsere Namen geschrieben werden«.

Untrennbar war für den jungen Puschkin und seine romantischen Freunde die politische Freiheit mit der persönlichen verbunden: sowohl lebenspraktisch, im Rahmen der Großen Welt, wo man sich gerne als ausgelassener oder gelangweilter oder zynischer Dandy zeigte, als auch weltanschaulich, im romantisch-idealistischen Seinsverständnis. Humorvoll-ironisch-satirisch, gelegentlich auch elegisch, sprechen die meisten Gedichte des jungen Puschkin von freier, dichterischer Existenz im kultiviert-elitären Freundeskreis, von Geselligkeit, Freundschaft, Flirt und Liebe. Offen und freizügig gibt sich das jeweilige lyrische Ich als der junge Puschkin zu erkennen.

Unverkennbar zeigt sich der junge Puschkin auch in seinem Hauptwerk der Jahre 1818–1820, in dem komischen Epos »Ruslán und Ljudmíla«, hinter der Maske des humorvoll-ironischen Autors, der nicht nur mit den Leser-Freunden sondern auch mit den Helden vertraulich kommuniziert. Übermütig travestierend und parodierend, verknüpft er klassizistische Elemente des heroischen Epos – sagenhafte Helden im Kampf mit feindlichen Mächten – und romantische Elemente der volkstümlichen Ballade – Märchen- und Sagenmotive – zu einer komischen sentimentalistischen Liebesgeschichte, in die er beiläufig eine Ballade Shukówskis, nämlich »Die zwölf schlafenden Jungfrauen«, einbezieht. Shukówski, der seinerseits die deutsche Balladentradition (Spiess, Bürger, Wieland, Herder, Goethe, Schiller, Uhland) in seinem Werk meisterhaft verarbeitet hatte, bedankte sich als »besiegter Lehrer« bei seinem zwanzigjährigen »siegreichen Schüler«.

Shukówski war ein väterlicher Förderer und Beschützer Puschkins. Als Erzieher des späteren Zaren Alexander II. machte er seinen Einfluß am Zarenhof geltend, um den »aufrührerischen« Dichter vor der Verbannung nach Sibirien zu bewahren; seine Verbannung in den Süden Rußlands konnte er freilich nicht verhindern.

Über sechs Jahre war der verbannte Puschkin isoliert von dem romantischen Freundeskreis und jener Großen Welt, die ihm zwar wegen ihrer gesellschaftlichen Borniertheit verhaßt, aber eben doch als seine Welt vertraut war. Seine Isolation und seine daraus erwachsende Sehnsucht nach Freundschaft, Liebe und freiem, natürlichem Leben »poetisierte« er auf der Krim, im Kaukasus, in Bessarabien, in Odessa als fundamentale existentielle Thematik seiner »südlichen Poeme« und Gedichte.

Auch als Verbannter erlaubte er sich aber noch gelegentlich übermütige poetische Scherze und gefährliche Spiele mit offiziell tabuisierten Themen: In der Verserzählung »Von Gabriel« (1821) mokiert er sich z. B. über die Jungfräulichkeit Marias, über eheliche Treue, über Gottes- und Teufels-Liebe, indem er die wechselseitigen Beziehungen der biblischen Personen psychologisch-realistisch banalisiert. Dieses Scherzepos konnte er natürlich nur seinen Freunden mitteilen; später gelangte es jedoch in die Hände der kirchlichen und staatlichen Obrigkeit und brachte ihn in Gefahr und peinliche Schwierigkeiten. Seine romantischen Verserzählungen und Gedichte hingegen machten ihn beim gebildeten Publikum in ganz Rußland berühmt.

Die romantischen Verserzählungen

Als Verbannter ließ sich Puschkin von dem neuen »Zeitgeist« inspirieren, der durch Shukówskis Vermittlung aus Westeuropa nach Rußland gelangt war, dem byronistischen[1]. Shukówskis Übersetzung von Byrons Verserzählung »Der Gefangene von Chillon« machte schließlich (1822) den Byronismus für zwei Jahrzehnte in Rußland heimisch. An Byron wurde alle neuere Literatur gemessen, so auch Puschkins romantische Verserzählungen, die »südlichen Poeme«: »Der Gefangene im Kaukasus« (1820), »Die Räuberbrüder« (1821/22), »Der Brunnen von Bachtschissarái« (1821/23), »Die Zigeuner« (1824). Die byronistischen Zeitgenossen identifizierten Puschkin als russischen Byron. Sie ignorierten in Puschkins Verserzählungen die Relativierung und Problematisierung des individualistischen Selbstverwirklichungskultes, dem sich die Helden in Byrons Romanzen und Tragödien voll Weltschmerz- und Freiheits-Pathos widmen.

Puschkins junger Russe, der wegen einer (nicht konkretisierten) unglücklichen Liebe seine Heimat verlassen hat und in den Süden, den Kaukasus, in die vermeintliche Freiheit geflüchtet ist, gerät in die Gefangenschaft der Tscherkessen und bleibt auch da noch an seine utopische Liebe gebunden. Er kann sich nicht auf die Liebe eines Tscherkessenmädchens einlassen und hat am Ende, als das Tscherkessenmädchen ihn befreit und sich selbst dabei das Leben nimmt, von seinem Leben in der Freiheit nichts mehr zu erwarten.

Wie der »Gefangene im Kaukasus«, so können auch die »Räuberbrüder« ihre Freiheit nicht ausleben: In ihrer »Gesetzlosigkeit« erfahren sie die Macht des Gewissens und die Fragwürdigkeit ihrer isolierten Brüderlichkeit. Der ältere der beiden Brüder beendet seinen Erfahrungsbericht (aus dem das Fragment der Verserzählung größtenteils besteht) mit der Erinnerung, wie sein jüngerer Bruder, »krank, in Ketten, kraftlos, besinnungslos, in tiefem Kummer«, ihn um Schonung eines alten Mannes gebeten hat. Den Widerspruch zwischen der »gewissenhaften« Erinnerung und dem »gewissenlosen« Räuberleben des vereinsamten älteren Bruders läßt der Autor dahingestellt.

In den beiden späteren Verserzählungen zeigt sich der Autor ausdrücklich betroffen und zugleich befremdet von dem Schicksal, dem seine Helden, ihren Leidenschaften folgend, schutzlos und orientierungslos ausgeliefert sind.
Im »Brunnen von Bachtschissarái« sind die Personen einander fremd in ihrer Liebe, ihrer Sehnsucht, ihrem Verhalten. Einsam und unglücklich leben, lieben und sehnen sie sich aneinander vorbei: der Chan Giréj und seine beiden Haremsfrauen, die leidenschaftliche Georgierin Saréma, die ihn liebt, aber nicht mehr von ihm geliebt wird, und die christliche Polin Maria, die ihn nicht liebt, aber von ihm geliebt und gefangen gehalten wird. Allen Dreien wird ihre Liebe bzw. Nichtliebe zum Verhängnis. Den überlieferten Spuren ihres Schicksals folgend, sinnt der Dichter am Ende über seine Beziehung zu diesen Personen und über seine eigene Erinnerung und Sehnsucht nach.
In nachdenklicher Erinnerung zeigt sich der Autor auch im Epilog zu den »Zigeunern«. Die scheinbar glücklichen »Kinder der friedlichen Freiheit«, mit denen er umhergezogen ist, erweisen sich ihm als »arme Kinder der Natur«, die sich ihren »schicksalhaften Leidenschaften« fügen. Diese Entdeckung ist die Moral der Geschichte von einem jungen russischen »Aussteiger«: Aléko ist vor den »Gesetzen« und vor dem süßen, langweiligen Leben der zivilisierten Gesellschaft zu den Zigeunern geflüchtet, um bei ihnen seine Freiheit und sein Glück zu suchen. Er fühlt sich jedoch um seine Selbstverwirklichung betrogen, als seine geliebte Semfíra ihrerseits so frei ist, sich in einen anderen zu verlieben; und er sieht sich schließlich genötigt, Semfíra und ihren Freund zu töten und die Zigeuner zu verlassen, ohne zu wissen wohin. Seine persönliche Lebenserfahrung wird am Ende vom Dichter verallgemeinert: »Überall«, bei den Zigeunern genauso wie in der zivilisierten Gesellschaft, leben die Menschen »ohne Glück«, in »quälenden Träumen« und »Leidenschaften«, ohne Schutz vor dem Schicksal[2].
Durchweg sind in Puschkins romantischen Verserzählungen die erzählten Lebensgeschichten offengelassen: Die Erzählungen bieten keine Antwort auf die jeweils mit den Lebensgeschichten verbundenen Existenzfragen und keine Aussicht auf künftige Existenz-

möglichkeiten der Helden. Die Versform der Erzählungen (Puschkins Lieblingsversmaß: vierfüßige Jamben) entspricht der poetischen Distanz des Autors gegenüber den quasi-realen romantischen Helden, die in der erzählten exotisch-romantischen (»südlichen«) Wirklichkeit die Fragwürdigkeit ihrer Existenz und ihres Existenzverständnisses erleben. In Prologen, Epilogen, Mottos, Kommentaren, Fragen, autobiographischen Reminiszenzen betont der Autor ausdrücklich seine poetische Distanz, indem er, als »gegenwärtiger« Dichter, seine dichterische Erinnerung, seine Sehnsucht, seine Orientierungssuche artikuliert.

Als Dichter in einer existentiellen Krise zeigt sich Puschkin gleichzeitig, 1823/24, in seinen Gedichten. Hier demonstriert er geradezu sein distanziertes Verhältnis zur nackten, prosaischen Wirklichkeit, zur menschlichen Existenz überhaupt und besonders zu sich selbst. In einem Briefgedicht an den romantischen Freund W. F. Rajéwski heißt es z. B.: »Erstarrt ist im Herzen das Blut, in ihrer Nacktheit sehe ich jetzt die Welt, das Leben, die Freundschaft, die Liebe, und ich hasse die finstere Erfahrung . . .« In seinen »Dämon«-Gedichten objektiviert Puschkin seine negative Existenz-Erfahrung; er identifiziert sich mit dem »Dämon«, dessen Lächeln, dessen befremdlicher Blick, dessen höhnische Reden ihm »kaltes Gift in die Seele gegossen« hätten: »Er hat meine Existenz auf immer mit der seinen verbunden, ich begann mit seinen Augen zu schauen . . .« Diesem Dämon verwandt ist der Mephisto in der »Szene aus dem Faust« (1825), ein Dämon der Langeweile und seelischen Leere, der aus dem Faust einen Mephisto macht. Von solcher negativer Existenz-Erfahrung ist auch der Titelheld Eugen Onégin geprägt. In der Auseinandersetzung mit ihm schaffte sich Puschkin eine neue Dimension dichterischer Freiheit. Puschkins romantische Freunde suchten sich jedoch, an Byron orientiert, mit Puschkin persönlich – als dem russischen Byron – zu identifizieren. Sie überhörten in Puschkins Versen das Anklingen der klassisch-humanistischen Frage nach wahrhafter Menschlichkeit und menschlicher Realität.

»Eugen Onégin«

Noch bevor Puschkin seine »Zigeuner« schrieb, begann er, im Mai 1823, an seinem »Versroman« »Eugen Onégin« zu arbeiten, seinem Hauptwerk, das ihn acht Jahre lang beschäftigen sollte. Er lebte zu dieser Zeit als kleiner, meist unbeschäftigter Kanzleiangestellter unter der Aufsicht eines großzügigen Generals in Kischinjów (Bessarabien). Nachdem er dort zunächst den byronschen Aufruf zur Unterstützung des griechischen Aufstands gegen die türkische Herrschaft enthusiastisch begrüßt hatte, distanzierte er sich bald mehr und mehr von der »heteristischen« Befreiungsbewegung. In Briefen an seine Freunde nahm er 1824 ausdrücklich sein byronistisches Engagement zurück. Z. B. schrieb er am 24./25. Juni 1824 aus Odessa an P. Ja. Wjásemski: »Griechenland ekelt mich an. Über das Schicksal der Griechen darf man urteilen wie über das Schicksal meiner Brüder, der Neger; man kann den einen wie den anderen die Befreiung von unerträglicher Knechtschaft wünschen. Aber daß alle kultivierten europäischen Völker von Griechenland faseln, ist eine unverzeihliche Kinderei. Die Jesuiten schwätzen uns was von Themistokles und Perikles, und wir bilden uns ein, daß ein schmutziges Volk, das aus Räubern und Händlern besteht, ihr rechtmäßiger Nachkomme und Erbe ihres Ruhmes sei. Du wirst sagen, ich hätte meine Meinung geändert, aber wenn du zu uns nach Odessa kämst, um die Landsleute des Miltiades zu sehen, so würdest auch du mir zustimmen.«

Puschkins Distanz gegenüber dem Byronismus zeigt sich in »Eugen Onégin« als eine Komponente der eigenständigen Position des humorvoll-ironisch distanzierten Autor-Erzählers, der seinen Helden – radikaler als in den romantischen Verserzählungen – in Frage stellt und damit dem Leser die Frage nach wahrhafter Menschlichkeit aufgibt.

Als Autor seines Versromans knüpft Puschkin an die Grundmuster seiner bisherigen poetischen Praxis an: an seine teils persönlich-elegische, teils gesellschaftlich-satirische Lyrik, an seine romantischen Verserzählungen, an sein komisches Epos »Ruslán und Ljudmíla«[1].

Provokativ läßt er bereits in der ersten Strophe die byronsche Weltschmerz-Romantik an seinem Helden vermissen:

»Mein Onkel scheint mir gut beraten:
daß er sich krank ins Bett begibt,
ist wohl die beste seiner Taten,
so macht er sich bei mir beliebt.
Als Vorbild kann ich ihn empfehlen;
doch mit dem Kranken sich zu quälen,
der einem jeden Schritt bemißt,
mein Gott, wie langweilig das ist!
Den halben Leichnam zu beleben –
was soll die dumme Heuchelei!
Man reicht ihm traurig die Arznei,
läßt ihn auf weichen Kissen schweben
und seufzt betrübt und denkt bei sich:
Wann holt denn bloß der Teufel dich!«[2]

Diesen so leichtfertig denkenden Helden stellt uns der »leichtfertige« Autor in der zweiten Strophe als seinen Freund vor und apostrophiert dabei seine Leser als Freunde von »Ruslán und Ljudmíla«, d. h. als Freunde der »leichten Poesie«:

So dachte sich ein junger Schlingel,
von Zeus zum Erbneffen ernannt,
und flog mit Postkutschengeklingel
zu seinem Onkelchen aufs Land.
Ihr Freunde meiner Braut Ljudmile,
ich spare mir die Vorwortspiele,
ihr macht die Augen auf und seht:
da ist der Held, um den es geht:
Mein Freund Onégin, hochgeboren,
aus Petersburg, vielleicht wie Sie,
mein lieber Leser; irgendwie
verdienten Sie sich Ihre Sporen
womöglich auch in dieser Stadt?
Ich aber hab den Norden satt.

Die Zeitgenossenschaft von Autor, Held und Leser gibt dem Versroman von vornherein einen realistischen Grundzug. Als angesprochene Leser werden wir, die Rezipienten von heute, mit dem zeitgenössischen Leser vereint und in die Petersburger Gesellschaft von 1820 einbezogen. Aber der Autor macht uns von Anfang an immer wieder darauf aufmerksam, daß er selbst es ist, der die erzählte Wirklichkeit als Welt seines Helden geschaffen hat, daß sein Held ein Romanheld ist. Dabei zeigt er uns auch, daß er selbst, als Autor, nicht einfach mit dem realen Puschkin identisch ist: Er hat auch sich selbst modelliert, hat sich zum humorvoll-ironischen Erzähler dieses Versromans stilisiert und damit teilweise »in« sein Werk begeben; und er demonstriert dem Leser seine Werkimmanenz: als erzählendes Ich und als erzähltes Ich, als Gestalter und als Freund seines Helden, wobei er mitunter Momente seiner realen Existenz, der Existenz des Dichters Puschkin, mit ins Spiel bringt, wie z. B. schon in der zweiten Strophe, wenn er sich als der Dichter von »Ruslán und Ljudmíla« vorstellt und (in den letzten Versen) auf sein Leben in Petersburg und seine Verbannung in den Süden anspielt.

Puschkin präsentiert sich also dem Leser von »Eugen Onégin« in dreifacher Rolle: als der Dichter Puschkin persönlich, der von realer geschichtlicher Wirklichkeit, von »seiner» Welt erzählt und sich selber lyrisch ausspricht; als erdichteter Erzähler, der quasi-real mit den Romanfiguren in der erdichteten Wirklichkeit lebt; und als spielerisch dichtender Poet.

Der Leser wird in das Rollenwechselspiel des Autor-Erzählers einbezogen: Mal ist er ein naher oder ferner »Freund« des Dichters; mal ein zeitgenössischer Gefährte und Sympathisant der quasi-realen Romanfiguren; mal ein poetischer Mitspieler. Die Mottos, die Puschkin dem Versroman und den einzelnen Kapiteln vorausgeschickt hat, weisen den Leser in die Mitspieler-Rolle ein[3].

Die »lockere«, flexible Beziehung des Autor-Erzählers zu seinem Leser, seinen Figuren, seinem Werk, seiner Welt, seiner eigenen realen poetischen Existenz, beteiligt den Leser an der dichterischen Freiheit, die den »Roman« als »Versroman« konstituiert. Der Autor selbst hebt diese Freiheit am Ende, in den letzten drei Stophen, Abschied nehmend und rückblickend, ausdrücklich hervor. Die Versform ist die poetische Spielregel des – von Puschkin selbst so genannten – »freien Romans« (VIII/50); in ihr ist die erzählte Wirklichkeit »aufgehoben«.

Es ist eine strenge Spielregel: Die Strophen sind durchweg nach demselben Reimschema geformt – bis auf die Versbriefe von Tatjana und Onegin; sie bestehen jeweils, wie das Sonett, aus vierzehn Versen; im Gegensatz zum traditionellen Sonett hat aber die »Onegin-Strophe« nicht fünf- sondern vierfüßige Jamben, die »leichter«, weniger »tragend« sind und sich in einer abwechslungsreicheren Reimordnung (ohne strophische Unterteilung) befinden[4]. Nur gelegentlich ist die Spielregel unterbrochen: Einige Strophen sind unvollständig, andere sind, durch die fortlaufende Numerierung gekennzeichnet, in einer Strophe zusammengefaßt. Durch solche Unterbrechungen weist Puschkin darauf hin, daß die Versform kein absolutes, total in sich selbst gesichertes System ist, daß sie aber – trotz gelegentlicher Brüche – relativ stabil ist und jedenfalls poetische Distanz gegenüber der erzählten Wirklichkeit gewährleistet.

Freilich verdankt sich die Versform nicht nur der genialen Verskunst des Dichters Puschkin; sie verdankt sich auch der literaturgeschichtlichen Tatsache, daß die Prosa um 1825 in Rußland noch nicht recht angesehen war: »Schöne« Literatur mußte eigentlich Poesie sein. Deshalb waren auch die russischen Prosawerke der damaligen Zeit, wie etwa die Erzählungen und Romane von Bestúshew-Marlínski, die in der Tradition der historischen Romane von Walter Scott standen, rhetorisch-pathetisch »geschraubt« und dadurch beinah »poetisch«. Puschkin selbst hatte um 1825 noch wenig mit Prosa im Sinn. Erst 1827 entwarf er zwischen seiner Arbeit an »Eugen Onégin« ein paar Kapitel eines historischen Romans über den »Mohren Peters des Großen«, seinen abessinischen Vorfahren.

In seinem Versroman nimmt Puschkin hier und da Stellung zur europäischen Erzähltradition. Im dritten Kapitel, 1824 geschrieben, präsentiert er z. B. sentimentalistische Figuren in der Sicht von Tatjana, die in Onegin verliebt ist und in diesen empfindsamen Helden ihren Geliebten zu erkennen und zu begreifen sucht:

Wie liest sie jetzt gespannt, mit Bangen,
den liebeskränklichen Roman,
wie gerne gibt sie sich gefangen
in den beseligenden Wahn.

Und wie sie ganz entzückt beim Lesen
die phantasiegeschaffnen Wesen
mit ihrem Traum vom Glück belebt
und, ihnen auf der Spur, entschwebt,
so folgt sie dem, der als verklärter
Geliebter sie zu folgen zwingt;
ob Grandison sie zu sich winkt,
ob Wolmar, ob der arme Werther:
sie sind in einem Bild vereint,
Onegin ist es, den sie meint. (III/9)

Wenig später führt Puschkin zeitgenössische romantische Figuren vor:

Der Geist wird heute immer trüber,
Moral, sie ödet uns nur an,
das Laster wird uns lieb und lieber
und triumphiert auch im Roman.
Der Unfug englischer Geschichten
läßt Mädchen auf den Schlaf verzichten,
und es ergreift sie ein Gespür
für den besinnlichen Vampir
und für Melmoth, den finstren Wandrer,
und für Ahasver und Korsar
und den gespenstischen Sbogar.
Und bei Lord Byron zeigt ein andrer,
wie er, als stolzer Egoist,
voll Weltschmerz und Romantik ist. (III/12)

Den byronistischen Freunden fiel es schwer, sich die humorvoll-ironische Distanz des Dichters zu eigen zu machen, zumal sie von der schlichten, unrhetorischen Sprache des Versromans befremdet waren[5]. Für sie bildete die Kombination von lässiger Umgangssprache und strenger Versform einen provozierenden Mißklang, den sie an vielen Stellen durch den Autor noch ausdrücklich betont finden mußten. Die größte Schwierigkeit machte ihnen freilich der Held. Sie konnten in Onegin beim besten Willen keinen byronschen Helden wie Childe Harold oder Don Juan erkennen, und sie konnten in diesem Mangel keineswegs, wie Puschkin gehofft hatte, einen Vorzug entdecken. Wenn Puschkin schließlich seinerseits Onegin mit Childe Harold vergleicht (I/38) und seinen persönlichen Unterschied zu Onegin betont (I/56), so provoziert er damit seine romantischen Freunde um so mehr: Wer könnte in dem leichtfertig-überdrüssigen, gelangweilten Onegin einen Verwandten des schwerfällig-pathetischen, gravitätisch in der Welt umherschweifenden Childe Harold sehen? Und wer könnte in dem leichtfertig-humorvoll-ironischen Verhältnis Puschkins zu Onegin das pathetisch-sympathisierende Verhältnis Byrons zu seinem Helden wiederholt finden?

»Du hast unrecht«, schrieb Puschkin am 24. März 1825 an seinen kritischen Freund Bestúshew-Marlínski, »du betrachtest ›Onegin‹ nicht vom richtigen Standpunkt aus; er ist jedenfalls mein bestes Werk. Du vergleichst das erste Kapitel mit dem ›Don Juan‹. Niemand achtet den ›Don Juan‹ mehr als ich, aber er hat nichts mit ›Onegin‹ gemein.« Ausdrücklich empfiehlt Puschkin seinen Freunden die Gattung des komischen Epos, der leichten Verserzählung, z. B. Ariosts »Orlando furioso«, Voltaires »La Pucelle«, Bogdanówitschs »Seelchen«: Man könne doch nicht »alles Leichte und Heitere aus der Poesie vertreiben«.

Leicht und heiter charakterisiert Puschkin im ersten Kapitel das Aufwachsen und Auftreten seines »Freundes« Onegin in der Großen Welt:

Sein Vater hatte, außer Diensten,
von Schulden lebend, hochgeehrt,
auf Bällen, mit Gesellschaftskünsten
sein ganzes Hab und Gut verzehrt.
Das Glück war auf Onegins Seite:
Von aller Sorgenlast befreite
ihn erst Madame und dann Monsieur.
Das Kind wuchs munter in die Höh.
Monsieur l'Abbé war ein Franzose
und wußte, wie man dies und das
so einfach lernen kann, im Spaß;
Moral hielt er, in kleiner Dose,

für seinen Knaben hübsch verpackt,
lustwandelnd durch den Gartentrakt.

Als aber dann die ersten Schauer
der Leidenschaft, bald wild, bald weh,
den Jüngling abwechselnd in Trauer
und Hoffnung stürzten, flog l'Abbé.
Und mein Onegin war in Freiheit;
frisiert nach Schick und Modeneuheit,
ein Dandy, wie nach Maß bestellt,
erschien er in der großen Welt.
Französisch konnte er vollkommen,
Mazurka tanzte er brillant,
sein Auftreten war stets galant,
nie war er irgendwie beklommen;
was will man mehr? Ganz allgemein
fand man Onegin klug und fein. (I/3, 4)

Als modischer Dandy ist Onegin ein »Kind von Luxus und Genüssen«; sein Leben ist »alltäglich für ihn vorbereitet«, es führt ihn von einem gesellschaftlichen Amüsement zum anderen und schließlich in die Langeweile (I/36 ff).
Langeweile ist die thematische existentielle Gestimmtheit Onegins; sie ist konstant vom ersten bis zum letzten (achten) Kapitel, wo sie schließlich abrupt umschlägt in die unglückliche Liebe zu Tatjana. Tatjana ist ihrerseits gleichfalls durch eine existentielle Gestimmtheit thematisch geprägt: durch Sehnsucht. Latent ist in Onegins Langeweile von Anfang an die Sehnsucht und damit seine existentielle Nähe zu Tatjana enthalten; denn die Langeweile ist ambivalent: Ihr negatives Moment ist die »Erkaltung der Gefühle« (I/37), die »seelische Leere« (I/44), die Unfähigkeit zu irgendeinem Engagement; ihr positives Moment ist die Distanz gegenüber der oberflächlichen Gesellschaft, die Unzufriedenheit mit dem gesellschaftlichen Leben, der »Hang zu Träumen«, die »Nachdenklichkeit« (I/45 ff). Eben dieses positive Sehnsuchtsmoment der Langeweile ist die Ursache der »Freundschaft« des Autors zu

Onegin und im folgenden die Ursache der Beziehung zwischen Onegin und Tatjana.
Puschkin hat seine eigene existentielle Erfahrung von sehnsüchtiger Langeweile – als Verbannter in Südrußland (1820–1824), danach unter Hausarrest auf dem elterlichen Gut Michàilowskoje (1825–1826) – in Briefen an Freunde oft artikuliert. Mitte Mai 1825 schrieb er z. B. an seinen Freund Ryléjew (der ein Jahr später als einer der Anführer des Dekabristienaufstandes gehenkt wurde): »Für Dich ist es langweilig in Petersburg, und für mich ist es langweilig auf dem Land. Die Langeweile ist ein Grundzug denkender Existenz.«
Kontinuierlich bringt Puschkin als Autor-Erzähler seine eigene existentielle Erfahrung in den Versroman ein, im ersten Kapitel z. B. gerade dort, wo er in der Langeweile seines »Freundes« die Sehnsucht entdeckt hat:

> Die Seele voll geheimer Trauer,
> stand nachdenklich Onegin da . . . (I/48)
>
> Wann wird sie mir wohl endlich schlagen,
> die Stunde meiner Freiheit? Hört
> kein Schiffer mich am Ufer klagen,
> daß meine Sehnsucht ihn betört?
> Wann kann die große Fahrt beginnen?
> Wann werd ich frei, mit freien Sinnen
> auf freiem Meer und endlich fort
> von diesem langweiligen Ort
> der Öde und der Alltagsszenen
> nach Süden eilen und mich da,
> im heimatlichen Afrika,
> nach unserm finstern Rußland sehnen,
> wo ich geliebt, gelitten hab?
> Dort hat mein Herz sein kühles Grab. (I/50)

Am Schluß des ersten Kapitels tauscht Onegin die großweltliche Langeweile gegen die provinzielle Langeweile des ländlichen Lebens ein, die ihm jedoch gleich als »dieselbe Langeweile« erscheint (I/54). Der Erbonkel ist bereits tot, als Onegin eintrifft; dem Erbneffen bleibt die befürchtete Langeweile der Krankenpflege erspart.

Onegins Anfangsmonolog (I/1) fungiert also nicht als Einleitung der Geschichte, sondern als Einführung in die fundamentale existentielle Gestimmtheit des Helden. Dementsprechend beginnt das zweite Kapitel:

> Das Gut, wo meine Onegin weilte,
> sich langweilte, war zauberhaft . . . (II/1)

In diesem Kapitel wird der gelangweilte Onegin dem jungen romantischen Nachbar-Gutsbesitzer Lenski gegenübergestellt, der sich in denselben gesellschaftlichen Verhältnissen keineswegs langweilt, sondern sich mit seiner Phantasie naiv-idealistisch über sie hinwegsetzt.

Wie Onegins Langeweile ist auch Tatjanas Sehnsucht nicht durch die gesellschaftlichen Verhältnisse verursacht. Tatjana, die nachdenkliche Träumerin, die durch ihre Njanja mit der volkstümlich-russischen Tradition und mit der heimatlichen Natur verbunden ist, fühlt sich als »Fremde in ihrer eigenen Familie« (II/25); dagegen ist ihre jüngere Schwester Olga, die Braut Lenskis, in der Familie und in der prosaischen Provinzgesellschaft ganz zuhause.

Noch bevor die erste Begegnung von Tatjana und Onegin stattfindet (am Anfang des dritten Kapitels), sind beide deutlich in ihrer gesellschaftlichen Isoliertheit und unbefriedigten – gelangweilten bzw. sehnsüchtigen – Eigenständigkeit vorgestellt, gewissermaßen »wie für einander bestimmt«. Genau so formuliert es Tatjana gleich nach der ersten Begegnung in ihrem Brief. Beide sind, als gesellschaftliche Außenseiter, quasi romantische Personen. Aber konkretisiert und individualisiert sind sie nicht durch bestimmte romantische »Charakterzüge«, sondern eben durch ihre gelangweilte bzw. sehnsüchtige Existenz.

Onegin spricht sich in seinem Dialog mit Lenski (am Anfang des dritten Kapitels), vor und nach seiner ersten Begegnung mit Tatjana, gelangweilt aus. Dennoch bekundet er ein latentes Interesse für Tatjana, die ihn ihrerseits sogleich als den Menschen identifiziert, nach dem sich ihre Seele gesehnt hat (III/7, 8, 16). Ihr sehnsuchtsvoller Liebesbrief – »für wen ist er bestimmt?«, fragt der Autor seine Heldin – gilt weniger dem realen als ihrem erträumten Onegin, einem potentiellen Onegin, der von ihrer sentimentalistisch-romantischen Phantasie (III/9 f und Brief) und ihrer »russischen Seele« (V/4) geprägt ist. Unterschwellig ahnt sie, daß sie selber eine Dame der Großen Welt werden muß, um Onegins Beachtung zu gewinnen. Puschkin bemerkt dazu in einem Brief an Wjásemski vom 29. November 1824: »Onegin ist für seine Gutsnachbarn menschenscheu; Tatjana sucht das damit zu begründen, daß für ihn in der abgelegenen Provinz, auf dem Land, alles langweilig ist und daß allein der Glanz [der Großen Welt] ihn anziehen kann . . . Übrigens, wenn das auch nicht genau der Sinn ist, so ist in ihrem Brief doch um so mehr Wahrheit.«

Onegin spricht sein Leitmotiv der Langeweile, mit dem auch das vierte Kapitel beginnt, in seiner »Beichte« und »Moralpredigt« vor Tatjana deutlich aus. Er beantwortet ihren Liebesbrief mit einem Zukunftsbild der alltäglichen Langeweile, die sie, Tatjana, an seiner Seite zu erwarten hätte; und er fordert sie auf, Selbstbeherrschung zu lernen, um sich in Zukunft nicht mehr als unerfahrenes Mädchen in der Liebe zu verlieren, sondern sich »comme il faut« zu verhalten. »Unerfahrenheit führt ins Unglück«, belehrt er sie, und unter Unglück versteht er die Liebe als Selbsthingabe; dagegen bietet er eine gesellschaftliche Alternative an: einerseits die Bindung an einen »langweiligen Ehemann«, und andererseits das leichte Wechselspiel der Liebe, das er selbst bis zur Langeweile gewohnt war (IV/15 f).

Tatjanas Leitmotiv der Sehnsucht dominiert im fünften Kapitel. Im Traum sieht sich Tatjana von einer dämonisch-animalischen Kraft, einem russisch-märchenhaften Bären, ergriffen, auf den notwendigen und heimlich gewünschten Lebensweg gebracht, ängstlich-ohnmächtig zu dem gefürchteten und ersehnten Onegin getrieben, getragen, ihm ausgeliefert. In der Wirklichkeit kann sie sich Onegin gegenüber an ihrem Namenstag nur mühsam gefaßt halten, während er ihr – »ob unwillkürlich, ob bewußt« – einen zärtlichen Blick schenkt. Aber wie Tatjana von ihrer Sehnsucht, so läßt Onegin sich von seiner Langeweile weiterhin leiten. Aus Ärger über das langweilige Fest, auf das Lenski ihn gelockt hat, flirtet er mit Olga und findet sich schließlich (am Anfang des sechsten Kapitels) wiederum gelangweilt.

Erst nach seinem unbedachten Eingehen auf Lenskis Duell-Forderung, nach seiner unwillkürlichen Befolgung der gesellschaftlichen Spielregel, über die er sich selbst erhaben dünkt, sieht sich Onegin konfrontiert mit seiner »Seele«, seinem eigentlichen Selbst (VI/9 ff). Im Bewußtsein der Schuld am Tod seines Freundes, »in Reue und Gewissensqualen« (VI/35), ist er existentiell verunsichert. Der Autor hingegen zeigt sich seinerseits am Schluß des Kapitels als Sehnsüchtiger, der, von seiner Jugend Abschied nehmend, seine Seele und damit seine existentielle Identität zu bewahren sucht (»Doch du bleib jung, o meine Seele . . .«).
Auf die Selbst-Entzweiung Onegins im sechsten Kapitel folgt die In-Frage-Stellung Onegins durch Tatjana im siebten Kapitel: In Onegins Haus, in seinen Büchern, in den Spuren, die er hinterlassen hat, sucht sie ihn, den Abwesenden, realiter zu begreifen. Der Autor stellt jedoch ihre kritischen Fragen seinerseits in Frage:

> Beginnt Tatjana zu begreifen,
> wer dieser Mann in Wahrheit ist,
> um den ihr Traum, ihr Denken schweifen,
> den sie auch schlafend nicht vergißt?
> Ist er vom Schicksal ihr befohlen,
> ein Dämon, der auf leichten Sohlen,
> vom Himmel, aus der Hölle steigt,
> gefährlich, traurig sich ihr zeigt?
> Wer ist er? Eine imitierte
> verbrauchte Phantasiegestalt,
> ein Petersburger Childe Harald,
> der sich mit fremden Federn zierte
> und dem die Mode Leben lieh? . . .
> Ja, ist er eine Parodie? (VII/24)
>
> Hat sie das Rätselwort gefunden?
> Ist das die Lösung? Wirklich? Ja? (VII/25)

Am Ende des siebten Kapitels überläßt sich die sehnsüchtige Träumerin auf dem Heiratsmarkt in Moskau der langweiligen gesellschaftlichen Wirklichkeit, die sie umgibt (VII/53 ff).

Im letzten (achten) Kapitel zeigt sich zunächst Puschkin selbst, rückblickend, in seinem wirklichen poetischen Lebenslauf:

> Als ich in fernen Jugendtagen
> im Garten des Lyzeums saß . . . (VIII/1)

Er erzählt in den folgenden Strophen seinen Lebenswandel an der Seite der Muse – im Kreis der Freunde, als Verbannter, im Kaukasus, bei den Zigeunern und schließlich in der Großen Welt. So stimmt er den Leser in die Verwunderung über die Wandlung von Onegin und Tatjana ein. Tatjana ist als Fürstin, verheiratet mit einem »dicken General«, kaum wiederzuerkennen; und Onegin erscheint als Fremdling in der Moskauer Gesellschaft, die er, zwei-drei Jahre »von Unruhe umhergetrieben«, gemieden hat:

> . . .
> Doch wer ist der, der im Gedränge
> der sorgsam auserwählten Menge
> so schweigsam und versonnen steht?
> Ein Fremder, der mit sich berät,
> wohin er sich wohl wenden sollte?
> Wovon erzählt uns sein Gesicht?
> Von einem Spleen? Von dem Verzicht
> aufs Leben, das er leben wollte?
> Wer ist es? Ist es wirklich er,
> Onegin? Und was treibt ihn her? (VIII/7)

Der Autor artikuliert mit immer neuen Fragen das Mißtrauen der Gesellschaft gegenüber Onegin:

> Ist er der Sonderling geblieben,
> der er so gerne immer war?
> Wo hat er sich herumgetrieben,
> wen stellt er jetzt wohl wieder dar?
> Will er Melmoth, den Wandrer mimen,
> als neuen Childe Harold sich rühmen,
> als Quäker oder Eremit,
> als Patriot, Kosmopolit?

Vielleicht mißfällt ihm jede Rolle,
und er ist jetzt wie jedermann
und nimmt gelassen alles an,
es komme, was da kommen wolle;
vielleicht will er vernünftig sein.
Sie kennen ihn? – Teils ja, teils nein. (VIII/8)

Aber der Autor nimmt seinen Helden jetzt in Schutz und ironisiert den Konformismus der gesellschaftlichen Kritiker (VIII/9–12). Dabei kennzeichnet er Onegins Zwischenzeit zwischen damals und jetzt: als eine Zeit zielloser Wanderung auf der Flucht vor sich selbst, vor dem eigenen Gewissen, vor dem Bewußtsein der Schuld. Puschkin wollte dieser Wanderzeit Onegins zunächst ein eigenes Kapitel widmen, verzichtete aber schließlich darauf. Die erhaltenen Strophen des Kapitels zeigen deutlich, was Onegin, der Wanderer, in seinem eigenen Inneren erfahren sollte: das Prinzip Sehnsucht (toská). Im endgültigen Text erfährt Onegin seine Sehnsucht erst nach seiner Entdeckung der neuen, »glänzenden« Tatjana, die nun, realiter unerreichbar für ihn, die Liebe und die Bereitschaft zur Selbsthingabe in ihm weckt. Es ist nicht die Fürstin, die er in Tatjana liebt, sondern die menschliche »Vollkommenheit«, die er, gesellschaftlich verblendet und seinem eigentlichen Selbst entfremdet, in dem einfachen, träumerischen Provinzmädchen Tanja nicht hatte wahrnehmen können. In seinen Gedanken und Träumen assoziiert und identifiziert er jetzt die Fürstin Tatjana mit der damaligen Tanja, deren Liebe er verschmäht hatte: »Sie« ist es, die er überall vor sich sieht, in dem »Landhaus – am Fenster . . . und immer nur sie« (VIII/37). Jetzt befindet er sich seinerseits in »verzweifelter Liebessehnsucht« (VIII/30, 41); und wie sich damals (im dritten Kapitel) Tatjana mit ihrem Liebesbrief in Onegins Hand gegeben hat, so gibt sich nun er mit seinem Liebesbrief in ihre Hand.
Tatjana selbst zeigt sich ihm schließlich, von ihm überrascht in ihrem privaten Zimmer, nicht aufgeputzt als Gesellschaftsdame, unter Tränen seinen Brief lesend, als die »frühere Tanja«, als das »einfache Mädchen mit den Träumen, mit dem Herzen früherer Tage« (VIII/40 f); und der Autor bestätigt ihre existentielle Identität. Tanja-Tatjana beweist jedoch mit jedem Wort, das sie als Antwort

auf den verzweifelten Liebesbrief an Onegin richtet, daß sie gelernt hat, was er damals von ihr verlangt hatte: die Fähigkeit, sich selbst zu beherrschen, sich nicht mehr in der Liebessehnsucht zu verlieren, sondern ihre gesellschaftliche Pflicht zu erfüllen, sich »comme il faut« zu verhalten (VIII/14 ff). Sie wirft ihm vor, er habe damals ihre Liebe zurückgewiesen, weil die Liebe eines bescheidenen Provinzmädchens »nicht neu«, also langweilig für ihn gewesen sei; sie meint, jetzt verlange er nach ihrer Liebe, weil sie als Dame der Großen Welt geachtet sei und er durch ihre Liebe Achtung gewinnen würde; und sie zeigt ihm nun ihre Verachtung für den Glanz des gesellschaftlichen Lebens und damit für seine Liebe, die nur ein »kleinliches Gefühl« sei. Sie weist ihn – aufgrund ihrer existentiellen Identität und gemäß ihrer gesellschaftlichen Position – moralisch zurecht, wie er seinerzeit – aufgrund seiner Selbstentfremdung – sie zurechtgewiesen hatte. Jetzt ist sie »an der Reihe«. Für sie bedeutet Onegins Liebesantrag eine doppelte »Kränkung«: eine Kränkung der armen, ungeliebten Tanja und eine Kränkung der Fürstin, die ihr gesellschaftliches Schicksal – als Gattin des »dicken Generals« – hingenommen hat. Auch jetzt noch scheint es ihr, als sei das damals ersehnte Glück, an der Seite Onegins zu leben, »so möglich, so nahe« gewesen, obwohl realiter diese Möglichkeit nie bestanden hat, da er, der Selbstentfremdete, »in Wirklichkeit« nicht der gewesen ist, den sie geliebt hat.

Wie Onegins Moralpredigt damals, so entspricht Tatjanas Moralpredigt jetzt genau dem gesellschaftlichen Kodex:

> . . .
> Ich bin verheiratet. Und jetzt
> ist Ihre Pflicht, mich zu verlassen;
> ich weiß, Ihr Herz versteht genau
> das Ehrgefühl auch einer Frau.
> Ich liebe Sie; doch mich zu fassen
> hab ich gelernt; und was auch sei:
> ich bleibe meinem Gatten treu.«

Tatjana verlangt von Onegin, genau so wie er damals von ihr, Anpassung an die gesellschaftliche Norm, Einhaltung der gesellschaftlichen Spielregel. Gleichzeitig bekennt sie sich aber zu ihrer

Liebe und damit zu ihrer Sehnsucht, die nun freilich nicht mehr in die Zukunft, sondern in die Vergangenheit weist: Sehnsucht im Modus der Erinnerung, der beherrschten Trauer um das Vergangene, Verlorene. Tatjana zeigt sich am Schluß ihrer Moralpredigt ausdrücklich als seine, Onegins, Tanja, die ihn sehnsüchtig geliebt hat und die er gelangweilt nicht geliebt hat. Sie identifiziert sich gegenüber Onegin mit sich selbst: mit der liebenden, ungeliebten Tanja und mit der verheirateten Fürstin, als die sie nicht von ihm geliebt werden will. Sie kann seine Liebe genau so wenig ernstnehmen wie er damals ihre.

Indem Tatjana sich selbst – als fürstliche Gattin und als liebende, ungeliebte Tanja – bewahrt, läßt sie Onegin in seiner Liebessehnsucht stehen. Er, der seinerzeit sie in ihrer Liebessehnsucht hatte stehenlassen, um sein selbstentfremdetes »freies« Ich zu bewahren, – er kann nun, im Gegensatz zu Tanja damals, keinen gesellschaftlichen Ausweg aus seiner existentiellen Krise wahrnehmen, weil er nichts mehr zu bewahren hat. Er hat in der Liebessehnsucht zu Tatjana sein gelangweiltes, überflüssiges, »freies« Ich verloren und identifiziert sich nun mit seinem – bisher latenten – eigentlichen, liebenden, sich hingebenden Selbst (»ich bin nicht mehr imstand, mir selbst zu widerstehen«, schreibt er an Tatjana). Von Tatjana zurückgewiesen, sieht er sich existentiell von Grund auf in Frage gestellt und überdies gesellschaftlich disqualifiziert: als ertappter Liebhaber. So läßt ihn der Autor seinerseits am Ende stehen:

> Weg ist sie. Wie vom Blitz getroffen
> bleibt regungslos Onegin stehn;
> und welch ein Sturm läßt alles Hoffen
> in seinem Innersten vergehn!
> Da klirren plötzlich Sporen; Schritte;
> Tatjanas Mann erscheint. Hier, bitte,
> in diesem schlimmen Augenblick,
> in seinem bösen Mißgeschick
> verlassen wir ihn, meinen Helden,
> für dieses und für alle Mal.
> Genug sind wir durchs Erdental
> mit ihm gewandert, und wir melden

am Ende glücklich: wir sind da,
es ist geschafft, hurra, hurra! (VIII/48)

Willkürlich Abschied nehmend, demonstriert der Autor seine dichterische Freiheit, in die er – als autoritativ-kollektives »Wir« – den Leser einbezieht; gleich darauf erinnert er den Leser jedoch an die je eigene Freiheit der Rezeption:

Wer du auch bist, mein lieber Leser,
ob Freund, ob Feind, ich sag »Adieu« –
und nicht als Fremdling, als seriöser
Romanerzähler, nein, ich geh
als dein Vertrauter, dein Kollege,
der dich in Ruh läßt, meiner Wege.
Nimm dir, was dir gefallen mag,
aus meinen Versen: Dein Ertrag
an stürmischen Erinnerungen,
an Bildern, die dein Herz erfaßt,
an Freizeit von der Alltagslast,
an falschen Wort- und Satzfügungen –
es möge dir zur Freude sein!
Und damit laß ich dich allein. (VIII/49)

In den letzten Versen preist der Autor den Abschied als Freiheit menschlichen Daseins:

... Wohl dem, der auf dem Festgelände
den Becher nicht zur Neige leert
und früh zurück ins Dunkel kehrt,
der den Roman noch vor dem Ende
beiseite legt und schnell und leicht,
wie ich im Augenblick, entweicht. (VIII/51)

Die Rezeptionsgeschichte von »Eugen Onégin« zeigt aber, daß die Leser und Interpreten Schwierigkeiten mit der dichterischen Freiheit des Autors hatten: Die zeitgenösssischen forderten von Puschkin einen echten, d. h. realistischen bzw. romantischen Schluß, die späteren sahen sich gezwungen, das Scheitern der Beziehung zwischen Onegin und Tatjana entweder ihm oder ihr als

Schuld anzulasten; dabei meinten sie, den Autor selbst und Puschkin persönlich für sich in Anspruch nehmen zu können. Belínski, der einflußreiche Literaturkritiker der dreißiger und vierziger Jahre des 19. Jahrhunderts, der enthusiastische Bewunderer von »Eugen Onégin«, begründete die Auffassung, Tatjana sei schuld: Sie weise (im achten Kapitel) Onegin zurück, weil sie eine Dame der Großen Welt, eine Repräsentantin des gesellschaftlichen Kodex geworden sei und deshalb die Fähigkeit zur Liebe verloren habe. Dostojewski hingegen plädierte (in seiner anfangs zitierten Puschkin-Rede von 1880) für Onegins Schuld: Er zeige sich (im achten Kapitel) als derselbe heimatlose Wanderer und abstrakte, fundamentlose Phantast, der er von Anfang an gewesen sei; er liebe in Tatjana nur seine eigene Phantasie; Tatjana durchschaue ihn, weil sie ihrerseits mit der geliebten Njanja fest im russischen Boden verwurzelt sei; deshalb weise sie ihn zurück. Beide Auffassungen haben noch in heutiger Zeit – besonders in der Sowjetunion – literaturwissenschaftliche Befürworter gefunden[6].

Unter solchen moralischen Deutungs-Entscheidungen verwandelt sich aber Puschkins »freier Versroman« unversehens in einen realistischen Prosaroman: Die erzählte Wirklichkeit reduziert sich auf abgebildete Realität, die poetische Existenz der Helden auf quasi reale »Charaktere« und Verhaltensweisen. Das Dahin-gestellt-sein Onegins am Schluß des Romans versteht sich dann entweder als gerechte Bestrafung des »Phantasten« durch die »bodenständige« Tatjana oder als privatpersönliche Konsequenz von Tatjanas gesellschaftlicher Angepaßtheit, nicht aber – wie es im Text steht (VIII/48) – als demonstrativ lässige Freiheitsgeste des Dichters, der – relativ autonom – seine poetische Spielregel als maßgeblich für die erzählte Wirklichkeit geltend macht. Tatsächlich sind es ja Puschkins Verse, in denen die Helden existieren: in denen sie auftreten, sich aussprechen, ihre Liebesbriefe schreiben, Moral predigen, sich sehnen, sich langweilen – und schließlich in ihrer Fragwürdigkeit gehen- bzw. stehen-gelassen werden, gemäß dem poetischen Gesetz, nach dem der Autor sie hat antreten lassen. Freilich sind die Helden am Ende keineswegs entschuldigt, wohl aber sind sie mitsamt ihrer Schuld »aufgehoben« in dem Vers-Spielraum des »freien Romans«: nicht kritisch-realistisch fixiert auf ihre Wirklichkeit und ihr verschuldetes oder unverschuldetes Schicksal, sondern eben poetisch »dahingestellt«, existentiell-realistisch auf ihre Möglichkeiten bezogen, der dichterischen Phantasie des Lesers als eines »Kollegen« des Autors überlassen.

Lyrik

Wie Puschkin in seinen Verserzählungen und seinem Versroman die Helden nicht aufgehen läßt in ihrem quasi-realen Status, sie vielmehr »demonstriert« in ihrem poetischen Status als Gestalten der dichterischen Phantasie, unter dem Aspekt möglicher Existenz, so läßt er in seiner Lyrik auch sich selbst, sein lyrisches Ich, nicht aufgehen in den Situationen und Stimmungen, die er jeweils dichtet; vielmehr thematisiert er in den gedichteten Situationen und Stimmungen ausdrücklich seine existentielle dichterische Identität. Er distanziert sich gewissermaßen von den gedichteten Situationen und Stimmungen, um ihr existentielles Fundament begreiflich zu machen.

Schon in seiner jugendlichen »leichten Poesie« zeigt er sich auf der Suche nach seiner dichterischen Identität. Zwar benutzt er – wie seine Vorläufer in der »leichten Poesie«, besonders Bátjuschkow und dessen französischer Vorläufer Parny – typische, genregebundene Formeln und Metaphern der klassizistischen, der sentimentalistischen und der romantischen Lyrik; aber er gibt schon als junger Lyriker diesen traditionellen poetischen Elementen eine persönliche, autobiographisch-existentielle Tönung. Er modifiziert und nivelliert das genregebundene Schema, das dem Lyriker für jede Situation und Stimmung eine jeweils typische Rolle zuweist, durch seine persönliche Stimme; über die Grenzen der Genres hinweg artikuliert er in den gedichteten Situationen und Stimmungen immer deutlicher sich selbst, »den« Puschkin.

Der existentielle Grundton äußert sich in allen »Tonarten« von Puschkins Lyrik: in den »philosophischen« Gedichten, in denen menschliche Grundbefindlichkeiten thematisiert sind; in den persönlichen Situations- und Stimmungsgedichten; und in den poetologisch-politischen Gedichten[1].

Ein Beispiel für die »philosophische« Tonart:

Drei Quellen (1827)

Im Steppenland, im grauen, grenzenlosen,
sind wundersam drei Quellen aufgetan:
der Jugendquell, der rasch, mit wildem Tosen
aufsteigt, frohlockt und glänzt auf seiner Bahn;

der Musenquell, dem Wandrer zugemessen,
der, fremd im Steppenland, von ihm sich nährt;
der letzte Quell, der kalte Quell Vergessen,
der süßer noch die Glut in uns verzehrt.

Hier fügt Puschkin die traditionellen Existenz-Metaphern (»graues Steppenland« als Erde, »drei Quellen« als Lebenskräfte, »fremder Wanderer« als Erdenbürger) in die Formulierung einer persönlichen Entscheidung für die reale Endlichkeit des Daseins. Die traditionellen Metaphern, mit denen die klassisch-symmetrische Komposition, die strenge Versform und die damit koordinierte Syntax harmoniert, übertragen ihrerseits auf den persönlichen Stimmungston des letzten Verses den klassischen Ton einer allgemeingültigen Existenz-Aussage.

In einem anderen Gedicht formuliert Puschkin ohne traditionelle Metaphern, deutlicher existentiell-realistisch, eine persönliche Grunderfahrung im Sinne eines grundsätzlichen Seinsverständnisses:

Leichter Zufall, leeres Leben,
warum bist du mir geschenkt,
warum mir zum Tod gegeben,
der geheimnisvoll dich lenkt?

Wer hat mich durch Falsch und Fehle
aus dem Nichts hervorgebracht,
mir voll Leidenschaft die Seele
und den Geist voll Gift gemacht?

Vor den Augen keine Ziele:
leer das Herz und dumpf der Geist;
was ich denke, was ich fühle,
ist das Nichts, das mich umkreist. (1828)

Derartige Existenz-Aussagen sind durchaus nicht als Argumente für eine »Ideologie«, ein systematisiertes Seinsverständnis zu verstehen. Es sind vielmehr Aussagen, die ganz persönliche Situationen und Stimmungen als ihren Grund zu erkennen geben, Aussagen, die eben die jeweilige persönliche Situation und Stimmung auf eine existen-

tielle Grunderfahrung beziehen, wie hier auf die Erfahrung der Zufälligkeit, der »Geworfenheit« des menschlichen Daseins.
Eben durch diesen Existenz-Bezug vermeidet Puschkin auch in den persönlichen Situations- und Stimmungs-Gedichten eine emotionale Verabsolutierung seines jeweils gedichteten Ich: Diese persönlichen Situationen und Stimmungen sind – dem Selbstverständnis des Dichters entsprechend – gewissermaßen nicht um ihrer selbst willen gedichtet, sondern als Zeugnisse dichterischer Existenz und dichterischen Existenz-Verständnisses.

Der thematisch bedingte »Mangel« an emotionaler Identifikation sowie an psychologischer und soziologischer Konkretheit zeichnet auch persönliche Liebesgedichte Puschkins aus, wie z. B. das folgende:

> Ich habe dich geliebt, und meine Liebe
> ist noch, vielleicht, nicht ganz in mir verglüht;
> doch wünsch ich mir, sie wäre still und triebe
> nicht eine Spur von Schmerz in dein Gemüt.
> Ich habe dich geliebt, ich durfte nichts erhoffen,
> in Schüchternheit, in Eifersucht betrübt;
> ich habe dich geliebt, so zärtlich und so offen,
> Gott geb', daß je ein andrer dich so liebt. (1829)

Beide Personen, das lyrische Ich und das lyrische Du, sind hier nicht näher in ihrer Liebes-Stimmung und -Situation konkretisiert. Es ist charakteristisch, daß Puschkins Biographen nicht ermitteln konnten, wer eigentlich als Prototyp des Du in Frage kommt. Zwar ist hier eine ganz persönliche Ich-Du-Liebesbeziehung gedichtet, aber diese Beziehung ist von vornherein in das distanzierende Präteritum gesetzt: »Ich habe dich geliebt . . .« (Im russischen Original ist die Distanz noch durch das konventionelle »Sie« – anstelle des persönlichen »Du« – betont. Freilich hat das russische »Sie« – ähnlich dem französischen – einen anderen, persönlicheren Ton als das deutsche. In der deutschen Übersetzung würde durch das »Sie« der persönliche Grundton des russischen Originals verloren gehen.) Dreimal ist das distanzierende Präteritum »Ich habe dich geliebt . . .« wiederholt; so vergegenwärtigt es zauberformelhaft die vergangene Liebe als wahre Liebe: Denn gerade jetzt, in der gegenwärtigen Situation, wo die Liebe im Ich »vielleicht noch nicht ganz verglüht« ist, zeigt sich das Ich imstande, dem Du wiederum eine solche Liebe zu wünschen, in der der Liebende für sich selbst nichts erhofft.

Das Ich-Gefühl der vergangenen Liebe ist nur formelhaft angedeutet: »Ich durfte nichts erhoffen, in Schüchternheit, in Eifersucht betrübt.« Das heißt: Es geht weder um das vergangene Trauer-Gefühl noch um das gegenwärtige »Rest«-Gefühl des Liebenden, sondern es geht um die existentielle Möglichkeit des Liebens überhaupt. »Gott geb', daß je ein andrer dich so liebt« – in diesem ganz persönlichen Wunsch des lyrischen Ich bekundet der Dichter sein existentielles Verständnis von wahrer Liebe.

Die existentiell-objektivierende Distanz des Dichters gegenüber seinem realen (»präteritalen«) gedichteten Ich ist von Puschkin selbst als Prinzip seiner dichterischen Existenz formuliert worden:

> . . .
> Doch ich bin liebend dumm und stumm.
> Die Muse kommt, wenn das vorbei ist;
> das Dunkel weicht, ich bin erwacht
> und fühle, wie mein Sinn jetzt frei ist
> und aus Gedanken Klänge macht.
> Ich schreibe, und mein Herz ist heiter,
> und meine Feder malt nicht weiter,
> wo ihr das Versmaß Grenzen zieht . . .

(Eugen Onégin I/58 f)

Es ist verständlich, daß die romantischen Freunde und Zeitgenossen Puschkins gerade diese Differenz zwischen Leben und Dichtung als ein befremdliches Manko empfinden mußten. Sie mußten bei Puschkin das emotionale Aufgehen des Dichters in den jeweils gedichteten Situationen und Stimmungen vermissen, genau so wie sie bei ihm die sympathisierende Identifikation mit den epischen und dramatischen Helden vermissen mußten. Von einem Dichter erwarteten sie ja nicht existentiell-realistische (Selbst-) Objektivierung, sondern emotional-pathetischen Ich- bzw. Personenkult; den konnte ihnen Puschkin, seinem dichterischen Selbstverständnis entsprechend, nicht bieten.

Als ein Beispiel für Puschkins existentiell-realistische Ironisierung romantischer Poesie kann die Ballade vom »Armen Ritter« (1829) gelten[2]:

Lebte einst ein armer Ritter
still und schlicht in unsrer Welt,
war von Antlitz blaß und bitter,
doch von kühnem Geist erhellt.

Eines Tags war ihm erschienen
eine seltsame Vision,
drang ins Herz ihm, tief nach innen,
ließ ihn nimmermehr davon.

Sah er da, allein, beim Beten
unterm Kreuz am Wegesrand,
sah Maria zu ihm treten,
Christi Mutter vor ihm stand.

Seither brannte seine Seele,
sah er keine Frau mehr an,
als ob ihm die Sprache fehle,
war er stumm und taub fortan.

Seither hob er von den Augen
nie das eiserne Visier,
und zum Schmucke wollt ihm taugen
nur der Rosenkranz von ihr.

In Gebeten war ihm ferne
Vater, Sohn und Heilger Geist;
ihrer dachte er nicht gerne;
seltsam war er, einsam meist.

Lange Nächte stand er schweigend
vor Marias heilgem Bild,
sehnsuchtsvoll zu ihr sich neigend
und von tiefem Schmerz erfüllt.

Seinem frommen Traume blieb er
treu mit gläubig-festem Mut,
»Ave Mater Dei« schrieb er
auf den Schild mit seinem Blut.

Wenn die andern Kreuzesritter
kühn dem Feind entgegen, laut,
in das wilde Schlachtgewitter
schrien den Namen ihrer Braut,

rief er »Sancta rosa, Sonne!«
und begeistert klang sein Wort,
und er trieb in Siegeswonne
Muselmanen fort und fort.

Schließlich kehrte er nach Hause,
lebte streng in stummer Qual,
und allein in seiner Klause
starb er ohne Abendmahl.

Aber kaum war er gestorben,
kam der Teufel schon herbei,
weil die Seele ja verdorben
und verdammt zur Hölle sei:

»Nie bei Gott war er beim Beten,
hat die Hostie nie gespeist
und ist der zu nah getreten,
die man Christi Mutter heißt.«

Doch die reine Jungfrau freilich
trat für ihren Ritter ein,
ließ durchs Himmelstor ihn heilig
in das Paradies hinein.

Die religiös-romantische Liebe des armen Ritters zu Maria, der Gottesmutter, ist hier episch-realistisch säkularisiert: als eine quasi-reale Liebesgeschichte; und sie ist als solche lyrisch-realistisch ironisiert: als ein quasi-altes Lied über eine existentielle Möglichkeit romantischer Liebe.

Obwohl Puschkin seine romantischen Freunde oft provozierte und befremdete, bewunderten, verehrten und liebten sie ihn doch als den überragenden genialen Meister, der in all den verschiedenen und widersprüchlichen Situationen und Stimmungen, die er dichtete, unverkennbar sich selbst, seine dichterische Identität auszusprechen vermochte und zugleich dem latenten zeitgenössischen Fühlen, Denken und Wollen den adäquatesten Ausdruck zu geben verstand.
Sein dichterisches Selbstverständnis artikuliert Puschkin thematisch in den poetologisch-politischen Gedichten. Selbst als Freund der Dekabristen bekundet er seine freie, eigenständige dichterische Existenz, und zwar auch dann, wenn er (wie z. B. in »Arion«) seine reale Isolation – angesichts des Schicksals seiner Freunde – beklagt. Tyrannische Zwänge wirft er nicht nur den Repräsentanten der zaristischen Autokratie vor, sondern auch der anmaßenden »Menge« und den »wohlmeinenden« Ratgebern, die den Dichter für sich in Anspruch nehmen möchten; z. B. in dem Sonett »An den Dichter« (1830):

> O Dichter, achte nicht die Liebesgunst der Menge.
> Nur allzu rasch vergeht das hohe Lobeslied;
> hör nicht des Narren Rat, des Volkes Spottgesänge,
> bleib unbeugsam und fest, verschließe dein Gemüt.
>
> Du bist dein Zar, allein. Mißachte alle Zwänge,
> geh frei, wo immer hin der freie Geist dich zieht . . .

Das lyrische Ich, das hier dem lyrischen Du den Rat gibt, sich unabhängig von den Mächten der Wirklichkeit zu machen, Zar über sich selbst zu sein, spricht dem Dichter einen geistigen Freiraum gegenüber Geschichte und Gesellschaft zu. Als dieser Freiraum ist nicht die klassische Sphäre der Ideale gemeint, sondern die Sphäre wahrhaftiger, realer, dichterischer Existenz.
In seinem (oben – S. 8 – zitierten) Gedicht »Exegi monumentum« (1836) hat Puschkin ein halbes Jahr vor seinem Tod sein dichterisches Wirken in einer realen existentiellen Kommunikationsgemeinschaft – gewissermaßen als sein Vermächtnis – formuliert. Er zeigt sich hier in der Tradition des Horaz; er bekundet sein

»prophetisches« Bewußtsein, unvergänglich, »so weit wie Rußland reicht«, berühmt und geliebt zu sein als ein Dichter, der »gute Gefühle geweckt«, »die Freiheit gepriesen« und »Erbarmen mit den Schuldverstrickten« gefordert hat, d. h. als ein »klassischer« Dichter, der sich seiner humanitären Verantwortung bewußt ist.

Puschkin hat seine unverwechselbare lyrische »Stimme« in seinem dichterischen Wandlungsprozeß bewahrt – von der »leichten Poesie«, vom »Dichteln über dies und das«, zur »dämonischen« Poesie der existentiellen Krise in der Mitte der zwanziger Jahre, bis zur Poesie des reifen, humanitär-missionarischen, »klassischen« Dichters, der in solchen Gedichten wie »Der Prophet«, »An den Dichter«, »Exegi monumentum« seine dichterische Identität thematisiert.

»Borís Godunów«

Als Verbannter in Südrußland stand Puschkin Anfang der zwanziger Jahre weiterhin in Kontakt mit romantisch-idealistischen Adligen, die bereit waren, für die Beseitigung des absolutistischen Zarentums, für die Ent-Leibeignung des russischen Volkes (das ihnen selber so fremd war), für die Schaffung eines neuen, guten Rußland ihr Leben zu riskieren. Er bekannte sich zu der politischen Verantwortung, die er als junger russischer Freiheitsdichter auf sich genommen hatte, doch fand er sich, isoliert von seinem großweltlichen Freundeskreis, im Alltag der kulturell und politisch niveaulosen Provinzgesellschaft, sich selbst überlassen. Um so mehr nutzte er, temperamentvoll wie er war, jede Gelegenheit für ein abwechslungsreiches persönliches Leben.

Unter der lässigen Aufsicht seines gutmütigen Generals konnte er sich in Bessarabien drei Jahre lang (1820–1823) relativ frei bewegen, anspruchslose Geselligkeit und kurzweilige, intensive Zweisamkeit genießen, Reisen in den Kaukasus, auf die Krim, nach Odessa unternehmen, mit den Zigeunern umherziehen, mit den Anführern des griechischen Aufstands gegen die Türken sympathisieren ... Aber die Sehnsucht nach zeitgenössischer, großweltlicher Kultur veranlaßte ihn schließlich, seine Freunde in Petersburg zu bitten, beim Zaren wenigstens seine Versetzung nach Odessa zu erwirken.

Der General, unter dessen Aufsicht er dann in Odessa geriet, war ein europäisch gebildeter Aristokrat und zugleich ein bornierter bürokratischer Staatsdiener; der konnte das Unabhängigkeits- und Selbstbewußtsein des noch so jungen und schon so berühmten Dichters nicht ertragen – im Gegensatz zu seiner Frau, die Puschkin poetisch-erotisch nahestand.

In Odessa hatte Rußland damals sein »Südfenster« nach Europa; hier gastierten Ensembles der zeitgenössischen italienischen Oper und des europäischen Theaters. Puschkin genoß das Leben in der beinah großweltlichen Atmosphäre.

Mehr und mehr schikanierte und reizte jedoch der General seinen unbotmäßigen Schützling; mit Hilfe des Zaren konnte er sich schließlich (auf Grund eines von der Polizei abgefangenen Briefes, in dem sich Puschkin zum Atheismus bekennt) seiner Aufsichtspflicht entledigen: Puschkin wurde im Sommer 1824 in Hausarrest auf das elterliche Gut Micháilowskoje bei Pskow geschickt und unter die Aufsicht der örtlichen Behörden und seines Vaters gestellt. Puschkin litt in der ländlichen Einsamkeit noch mehr als in Kischinjów und Odessa unter der Isolation von seinen Freunden, zumal er bald mit seinem gesellschaftskonformen Vater in Konflikt geriet. Der einzige ihm vertraute Mensch war seine geliebte alte Njanja.

Hier auf dem Lande, in der »Isolationshaft«, vertiefte Puschkin sein politisches Interesse durch historische Studien. Fasziniert von Karamsíns »Geschichte des russischen Reiches«, deren zehnter und elfter Band soeben erschienen waren, unterbrach er seine Arbeit an »Eugen Onégin«, um aus Karamsíns historischem Text eine Tragödie zu machen. In einem späteren Vorwort-Entwurf zu »Borís Godunów« schreibt er: »Das Studium Shakespeares, Karamsíns und unserer alten Chroniken brachte mich auf den Gedanken, eine der dramatischsten Epochen der neueren Geschichte in dramatische Form zu kleiden. Ohne mich durch irgendeinen anderen Einfluß beirren zu lassen, hielt ich mich an Shakespeares freie und breite Darstellung der Charaktere . . ., folgte ich Karamsíns klarer Entwicklung der Ereignisse, suchte ich in den Chroniken die Denkweise und die Sprache der damaligen Zeit zu erraten.« Karamsín, der dreißig Jahre zuvor mit seinen »empfindsamen« Erzählungen (»Die arme Lisa«) den »neuen Stil« in die russische Literatursprache eingeführt und damit den Sentimentalismus in Rußland heimisch gemacht hatte, blieb auch als Historiker, zu dem er um die Jahrhundertwende geworden war, dem Sentimentalismus treu. Puschkin, der einstige »Karamsinist«, rühmt ihn als »unseren ersten Historiker und letzten Chronikschreiber«; seine »moralischen Erwägungen« gäben seiner Geschichte den »unerklärlichen Glanz der alten Chroniken«. Als Autor von »Borís Godunów« distanziert sich Puschkin jedoch sowohl von der sentimentalistischen als auch von der klassizistischen Tradition: Der »dramatische Dichter« müsse »unparteiisch wie das Schicksal« sein; »nicht er selbst, nicht seine politische Denkart, nicht seine heimliche oder offene Vorliebe« dürfe »in der Tragödie zu Wort kommen«; zu Wort kommen sollten vielmehr die geschichtlichen Personen selbst, »ihr Geist, ihre Vorurteile«. Es sei nicht Sache des Autors, »zu rechtfertigen und anzuklagen«; seine Sache sei es, die geschichtliche Situation der Personen »in ihrer ganzen Wahrheit zu vergegenwärtigen«[1].

Nach dem Vorbild Shakespeares ist »Borís Godunów« größtenteils, bis auf einige prosaische Volksszenen, in Blankversen geschrieben. Zeit, Ort und Handlung auf der Bühne sind frei von der klassizistischen »Wahrscheinlichkeits«-Regel, nach der die Bühne quasi realiter gegenwärtiger Schauplatz der Handlung sein sollte. Die Aufteilung der dramatischen Handlung in Akte ist – anders als bei Shakespeare – durch eine freie Szenenfolge ersetzt.

Die Personen treten – bis auf ein paar Außenseiter – als Repräsentanten von drei verschiedenen gegensätzlichen Machtpositionen auf: Sie zeigen sich als Menschen, die über Macht verfügen, als Menschen, die zur Macht streben, und als Menschen, die sich unter die Macht beugen. Als solche Repräsentanten von politischen Machtverhältnissen zeigen sie sich in ihrer je spezifischen menschlichen Ohnmacht und Unzulänglichkeit, in ihrer existentiellen Selbstentfremdung.

Alle Machtpersonen sprechen sich mit ihren eigenen Interessen, Motiven, Ansprüchen aus; jede vertritt ihre eigene Wahrheit, keine die Wahrheit des Autors. Im Gegensatz zu den klassizistischen Helden sind Puschkins Helden nicht positiv oder negativ fixiert. Keiner wird durch seinen individuellen Charakter zur Macht getrieben: Weder Boris Godunow, der Mörder des legitimen Thronfolgers, der sich am Anfang des Dramas, scheinbar unentschlossen, von dem ängstlichen, unterwürfigen Volk zum Zaren wählen läßt, noch die selbstbewußten Bojaren, die ihm, dem Emporkömmling, das Recht auf den Zarenthron streitig machen wollen, noch Dimítrij – der »falsche Demetrius« –, der sich das Abenteuer leisten möchte, als angeblich wundersam geretteter Sohn von Iwán dem Schrecklichen, als legitimer Thronfolger, den Zarenthron einzunehmen: Keiner von ihnen ist Opfer der Machtgier, der Herrschsucht. Ebensowenig sind es die geschichtlich-gesellschaftlichen Umstände, die diese Personen zur Macht treiben. Vielmehr trifft jede der Personen auf ihre eigene Weise eine existentielle Entscheidung für ihren Willen zur Macht; und jede

Person verschleiert ihre Entscheidung mit moralischen Argumenten.
Boris sucht seine Entscheidung für das Zarentum durch herrscherliche Gerechtigkeit und Güte moralisch zu legitimieren, und zwar sowohl in der Öffentlichkeit als auch vor dem eigenen Gewissen:

> . . . Ich dachte, es gelingt mir,
> mein Volk durch Ruhm und Reichtum zu beglücken,
> durch Güte seine Liebe zu gewinnen, –
> jetzt seh ich ein: die Mühe war vergeblich.
> Solang sie lebt, ist jede Macht dem Pöbel
> verhaßt; nur tote Herrscher sind beliebt . . .

Boris weiß aber, daß eben seine Entscheidung für das Zarentum die Ursache seiner Ohnmacht ist, daß seine herrscherliche Gerechtigkeit und Güte nicht glaubwürdig sind, da er – als Mörder – sich seinem eigentlichen Selbst, seinem Gewissen, entfremdet hat:

> . . . Ich weiß:
> nichts kann uns Frieden geben hier auf Erden,
> nur das Gewissen . . .

Der falsche Demetrius, der seinerseits mit dem Anspruch auftritt, den falschen Zaren Boris vom Thron zu stürzen, kann nicht der »liebenswürdige Abenteurer« bleiben, als der er am Anfang seines Unternehmens erscheint. Seine Entscheidung für dieses Unternehmen, das ihn an die Macht bringen soll, verstrickt ihn in eine pseudoromantische Liebesgeschichte, in Betrug, in blutige Kämpfe und innere Widersprüche.
Die Bojaren benutzen ihrerseits den betrügerischen Herrschaftsanspruch des Usurpators für ihre eigenen Machtansprüche; und sie ermorden am Ende in seinem Namen die unschuldigen Kinder von Boris.
So zeigt sich schließlich die herrscherliche Identität des neuen und des alten Zaren: Wie sich Boris am Anfang des Dramas als Mörder des »echten« Dimitrij zum Zaren wählen läßt, so läßt sich der falsche Dimitrij am Ende des Dramas als Mörder der Boris-Kinder zum Zaren wählen.

Mit solch einer klassischen Äquivalenz hat Puschkin seine »romantische« Tragödie umrahmt; damit gibt er den moralisch-verbindlichen Maßstab zu erkennen, an dem die partikularen Wahrheiten der geschichtlichen Personen und Machtpositionen zu messen sind: Menschen, die für sich selbst Macht beanspruchen und sich zur Herrschaft drängen, werden – absichtlich oder unversehens – zu Mördern.

Puschkin verdeutlicht diesen autoritativ-verbindlichen Maßstab durch zwei Figuren, die als Außenseiter den Mächtigen und Machtgierigen gegenüberstehen. Einer von diesen beiden ist der Chronist, der Mönch Pímen: Er preist den Zaren Fjódor, den schwachsinnigen Sohn von Iwán dem Schrecklichen, dessen Stellvertreter Boris Godunow war, als den idealen russischen Herrscher.

> . . . Kaum hatte er den Zarenthron bestiegen,
> ersehnte er sich klösterliche Ruhe . . .
> Und Gott hat seine Demut so geliebt,
> daß Rußland unter ihm unangefochten
> in Frieden ruhmreich sich entfalten konnte . . .
> Solch einen Zaren wird es nie mehr geben . . .

Geführt von Puschkins Ironie, bringt der Chronist – gewissermaßen als objektiver Historiker – die christliche Seligsprechung des »geistig Armen«, Demütigen, als maßgebliche Wahrheit zum Vorschein: Nur ein geistig Armer, der sich seiner Unzulänglichkeit bewußt ist und herrscherliche Macht verabscheut, kann ein guter Herrscher sein. (In der späteren Verserzählung »Angelo« kommt diese Thematik noch einmal zur Geltung.) Die Chronisten-Wahrheit wird durch die zweite Außenseiterfigur, den Narren Nikólka, in bezug auf den gegenwärtigen Herrscher ergänzt: Nikólka identifiziert Boris als den »Zaren Herodes«, d. h. als Mörder.

Puschkin bemerkt dazu in seinem Brief an Wjásemski vom 7. November 1825: »Shukówski sagt, der Zar werde mir für meine Tragödie vergeben – wohl kaum, mein Lieber. Wenn sie auch in gutem Geist geschrieben ist, so hab ich doch nicht alle meine Ohren unter der Narrenkappe verstecken können. Sie gucken raus!«

Der »gute«, klassisch-humanistische Geist der »romantischen« Tragödie zeigt nicht nur die Herrschenden und Machtgierigen in ihrer menschlichen Ohnmacht und Unzulänglichkeit, sondern auch die Beherrschten, Untergebenen. Als Machtwerkzeug spielt das Volk eine wichtige, zwiespältige Rolle.
Am Anfang des Stücks erscheint das Volk teils in ängstlicher, teils in gleichgültiger Erwartung, ob Boris die Zarenkrone annehmen wird oder nicht, und schließlich einheitlich in unterwürfigem Gehorsam:

> (Einer:) Er will nicht nachgeben . . .
> Der Glanz des Zarenthrones macht ihm Angst.
> (Ein anderer:) O Gott, wer wird uns nun regieren?
> O Gott, wir Armen!
> . . .
> (Ein anderer:) . . . Da heulen sie und fallen auf die Knie –
> da – eine Reihe nach der andern –
> und immer näher – wir sind dran –
> los, runter auf die Knie!
> (Das Volk auf den Knien; heult und klagt:)
> Ach, hab Erbarmen, unser Vater,
> und herrsche über uns!
> Sei unser Vater, unser Zar!
> (Einer, leise:) Worüber heulen die?
> (Ein anderer:) Weiß ich doch nicht. Frag die Bojaren!
> Was geht das uns an . . .
> (Ein anderer:) Du, alle heulen,
> los, komm, wir heulen auch! . . .
> (Das Volk:) Er nimmt die Krone, er ist Zar,
> Boris ist unser Zar! Es lebe Zar Boris!

Der Volksszene am Anfang entspricht – als Teil der klassischen Rahmen-Äquivalenz – die Volksszene am Ende, eine reine Prosa-Szene: Auf dem Platz vor dem Kreml stehen Leute aus dem Volk; hinter einem vergitterten Fenster des Zarenpalastes sind die gefangenen Kinder von Boris zu sehen.

(Einer aus dem Volk:) Da, der Bruder mit seiner
Schwester. Die armen Kinder, wie Vögelchen
im Käfig.
(Ein anderer:) Die tun dir leid? Diese verfluchte Brut!
(Der erste:) Der Vater war ein Schurke, aber die Kinder
sind unschuldig.
(Der zweite:) Der Apfel fällt nicht weit vom Stamm.
(Die Tochter von Boris hinterm Gitter:) Fjódor, mein
Bruder, da kommen, glaub ich, die Bojaren . . .
Ach, Fjódor, das Herz bleibt mir stehn.
(Das Volk:) Macht Platz, Leute, macht Platz, die Bojaren
kommen.

Am Ende dieser Szene, am Schluß des ganzen Dramas, erscheint einer der Bojaren, der bei der Ermordung der Boris-Kinder mitgewirkt hat, meldet den Tod der Kinder – »das Volk ist stumm vor Entsetzen« – und schreit dann das Volk an:

Was steht ihr da so stumm? Ihr sollt rufen:
Es lebe Zar Dimítri!

Hierauf heißt es in Puschkins Autograph abschließend: »Das Volk ruft: Es lebe Zar Dimítri!« In der Fassung, die Puschkin der Zensur und dem Zaren vorgelegt hat, heißt es dagegen: »Das Volk verharrt in Schweigen.« Die stumme Protesthaltung des Volkes gegenüber dem Usurpator, dem falschen Demetrius, ist also ein nachträgliches Zugeständnis Puschkins an seinen obersten Zensor: Um überhaupt eine Aussicht auf Veröffentlichung und Aufführung seiner Tragödie zu haben, mußte der Dichter dem Volk am Schluß die »emanzipatorische« und zugleich zarenfreundliche Geste zugestehen, den falschen Zaren nicht als Herrscher im Kreml anzuerkennen. Der neue Zar – seit Dezember 1825 Nikolaus I. – ließ jedoch Puschkin folgende Mitteilung zukommen: »Ich denke, Herr Puschkin würde sein Ziel erreichen, wenn er mit den erforderlichen Korrekturen seine Komödie in eine historische Erzählung oder einen Roman nach der Art von Walter Scott umarbeiten würde.« Erst fünf Jahre später konnte Puschkin für eine »bereinigte« Fassung die Druckerlaubnis erlangen.

Auf die Bühne gelangte Puschkins Tragödie erst vierzig Jahre später (1870), in Petersburg. Erfolg hatte sie schließlich nur in der popularisierten und ent-ironisierten Opern-Fassung von Múßorgski.

Prosaisierung der Dichtung

Puschkin hat in seine Verstragödie einige Prosaszenen gefügt, und zwar nicht nur solche, wo es um die »niedrige«, »prosaische« Wirklichkeit geht, wo unterdrückte Untertanen ihre widersprüchlichen Gefühle in schlichten Reden und Sprichwörtern aussprechen, sondern auch eine Szene im Patriarchenpalast, wo Personen der kirchlichen Obrigkeit ihre Furcht vor dem Usurpator umgangssprachlich bereden und gleichzeitig scheinheilig-kirchenslawisch verschleiern. Dieselben Personen – Untertanen sowie Kirchenfürsten – sprechen aber szenenweise auch in Versen, wie die politischen Machthaber. In Prosa sprechen sie privat unter sich, in Versen sprechen sie öffentlich in politischer Funktion.
Solche funktionell unterschiedliche Verwendung von Prosa und Poesie ergibt sich aus Puschkins dichterischer Aufwertung der Prosa, aus seiner Prosaisierung der Dichtung. In »Eugen Onégin“ ist ausdrücklich davon die Rede, z. B. im Anschluß an eine skeptische In-Frage-Stellung romantischer, byronistischer Poesie:

. . . Und bei Lord Byron zeigt ein andrer,
wie er, als stolzer Egoist,
voll Weltschmerz und Romantik ist. (III/12)

Was haben wir von solchen Lügen?
Vielleicht wird einmal irgendwie
der Himmel über mich verfügen,
und ich entsag der Poesie,
und will's der Teufel, steig ich munter
zur schlichten Alltagsprosa runter . . . (III/13)

Erzählen werd ich, wie die Alten
so weise reden, oder auch,
wie sich die Pärchen unterhalten
am Lindenbaum, beim Rosenstrauch . . . (III/14)

Und später noch deutlicher:

. . . Die Zeit, die wir dem Alltag schulden,
sie ist's, die uns zur Prosa drängt
und uns fast jeden Vers verdenkt.
Auch mir fällt jetzt das Reimen schwerer . . . (VI/43)

Der prosaischen Tendenz entspricht auch das Vers-»Gespräch zwischen dem Buchhändler und dem Dichter« (1824), das Puschkin dem ersten Kapitel seines Versromans, anläßlich der Veröffentlichung, vorausgeschickt hat; es schließt mit der zynischen Prosa-Zustimmung des Dichters zum Vers-Profitangebot des Buchhändlers. Zynische, skeptische, sarkastische Töne prägen Puschkins Lyrik der Jahre 1823/24.

Die existentielle Krise, die den Dichter in diesen Jahren an Selbstmord denken ließ, brachte ihn der Wirklichkeit näher: Als Verbannter in Südrußland, fern der heimatlichen Großen Welt, im teils provinziellen, teils exotischen Alltag gelangweilt und enttäuscht, abgestoßen von der Diskrepanz zwischen Utopie und Realität (»Griechenland ekelt mich an«), entdeckte er mehr und mehr die Fragwürdigkeit der romantischen Ideale, den utopischen Grundzug der romantischen Sehnsucht nach Natur, Freiheit, Liebe, Poesie, die Wirklichkeitsfremdheit des Byronismus. Realistische Spuren dieser Entdeckung zeigen sich in den »südlichen Poemen«: Weder erweisen sich die exotisch-romantischen Lebensverhältnisse der Naturvölker und der unzivilisierten »gesetzlosen« Gemeinschaften (der Kaukasier, der »Räuberbrüder«, der Krimtataren, der Zigeuner) als positive Alternative zu Kultur und Zivilisation, noch erweisen sich die Helden, die in exotisch-romantischer Utopie ihre Selbstverwirklichung suchen, als selbstverwirklichungsfähig. Überdies bezeugt der Dichter realistisch seinen eigenen distanzierten Standpunkt[1].

Deutlich ist in den »südlichen Poemen« die elegische Formulierung byronistischen Weltschmerzes auf einen realistischen Grundton abgestimmt. Noch deutlicher bekundet sich in »Eugen Onégin« Puschkins realistische Relativierung des Byronismus: nicht nur durch die humorvoll-ironisch-satirische In-Frage-Stellung des gelangweilten, seinem eigentlichen Selbst entfremdeten Helden, sondern auch durch die humorvoll-sympathisierende, psychologisch-konkretisierende Befürwortung der »russischen Seele« in Tatjana und ihrer Njanja.

In den Jahren der ländlichen Isolation auf dem elterlichen Gut Micháilowskoje (1824/25) wurde Puschkins Distanzierung vom Byronismus durch seine Annäherung an das russische Volk gefördert. In seiner alten Njanja hatte er seine »einzige Freundin«; sie war für ihn sowohl menschlich als auch – im Bereich der »Seele« – poetisch kompetent:

> Ich halte meiner Träume Früchte
> vertraulich an ein andres Ohr:
> Ich les die innigsten Gedichte
> der lieben alten Njanja vor . . . (Eugen Onégin IV/35)

An seinen jüngeren Bruder Leo schrieb Puschkin Anfang November 1824: ». . . abends höre ich Märchen – und ich kompensiere damit die Mängel meiner verfluchten Erziehung . . . Wie bezaubernd sind diese Märchen! Jedes ist ein Poem!« Und an einen Freund in Odessa schrieb er Anfang Dezember 1824: ». . . abends höre ich Märchen von meiner Njanja, dem Original von Tatjanas Njanja . . . sie ist meine einzige Freundin, und nur mit ihr langweile ich mich nicht.«

Er skizzierte diese Märchen in volkstümlicher Prosa nach, machte daraus jedoch ein paar Jahre später (1831–33) Versmärchen, obwohl er inzwischen ein Meister der Prosa-Erzählung geworden war. Offenbar ging es ihm darum, die Literaturfähigkeit der Volksdichtung zu erweisen. Zweifellos entfernte ihn die Nähe zu seiner Njanja und die Beschäftigung mit der Volksdichtung nicht nur von Byron, sondern auch von dem »Dämon« seiner existentiellen Krise. Folkloristische Elemente brachte Puschkin um 1825 in seine eigene Dichtung, sowohl in »Borís Godunów« als auch in »Eugen Onégin«, besonders ins dritte und fünfte Kapitel, wo sie – als konstitutive Elemente der Tatjana-Sphäre – mit den byronistischen Elementen der Onégin-Sphäre kontrastieren. Gerade in diesem Kontrast erhalten sie eine realistische Tönung: Sie konkretisieren die »prosaische«, ländliche Alltagswirklichkeit, die »niedrige Natur«, die in byronistischen Kreisen als nicht beachtenswert galt. Davon spricht Puschkin am Anfang des fünften Kapitels:

> Mag sein, daß ich mit solchen Bildern
> euch wenig Freude machen kann.
> Die niedrige Natur zu schildern –
> das lohnt sich gar nicht, findet man. (V/3)

Prosaische, alltägliche Wirklichkeit brachte Puschkin zunächst größtenteils in Versen unter, so z. B. auch in der heiteren Verserzählung »Graf Núlin«, die er zufällig – unversehens seiner dichterischen Freiheit entsprechend – an dem selben Tag in Micháilowskoje vollendete, an dem sich in Petersburg der Dekabristenaufstand ereignete (14. Dezember 1825). Mit meisterhafter »leichter Poesie« stellt Puschkin hier ein Gutsbesitzerspaar in prosaischer Konkretheit vor: Während der Mann zur Jagd aufbricht, bleibt die Frau in der provinziellen Alltagslangeweile zurück, am Fenster sitzend, in der Hand den »vierten Band eines sentimentalen Romans«, eines »altertümlichen, unendlich langen, langen, langen klassischen Romans«, gelegentlich abgelenkt durch einen »Streit zwischen Ziegenbock und Hofhund«, schließlich in Aufregung versetzt durch das plötzliche Auftreten eines Reisenden, des Grafen Núlin, der mit seiner Kutsche verunglückt ist und nun bei seiner freundlichen Gastgeberin ein Abenteuer sucht, jedoch von ihr eine Ohrfeige erhält. In seiner »Notiz über Graf Núlin« schreibt Puschkin: »Als ich die ›Lukretia‹, ein ziemlich schwaches Poem von Shakespeare las, dachte ich: Was wäre, wenn Lukretia auf den Gedanken gekommen wäre, dem Tarquinius eine Ohrfeige zu geben? . . . Lukretia hätte sich nicht erstochen . . . und die Welt und die Weltgeschichte wären anders . . . Mir kam der Gedanke, die Geschichte und Shakespeare zu parodieren . . . ›Graf Núlin‹ wurde am 13. und 14. Dezember geschrieben. Es gibt seltsame Zusammenhänge.«

Mit »Graf Núlin« setzte Puschkin seine Prosaisierung der Dichtung fort. Dennoch verwendete er weiterhin, bis 1830, dichterische Prosa nur gelegentlich: für Aufzeichnungen, Entwürfe, Szenen, Fragmente. Keineswegs zielstrebig – etwa im Zuge seiner Annäherung an die konkrete alltägliche und geschichtliche Wirklichkeit – gelangte er zur Prosa-Dichtung. Zielstrebig bemühte er sich jedoch um Entromantisierung und historisch-realistische Fundierung seines Seinsverständnisses. Statt exotischer Länder, Völker, Stämme, interessierte ihn jetzt seine russische Umgebung und deren Geschichte, die er – angeregt durch Karamzín – in Werken verschiedener literarischer Gattungen behandelt: in der Verstragödie »Borís Godunów« (1825), in dem Prosafragment »Der Mohr Peters des Großen« (1827), in der Verserzählung »Poltáwa« (1828).

Ausdrücklich befürwortet Puschkin die Prinzipien des historisch fundierten Realismus in seinen nachgetragenen Vorworten zu »Borís Godunów« (1827).
Die politische Wirklichkeit, von der sich Puschkin auf Anordnung Alexanders I. als Verbannter in Micháilowskoje fernhalten sollte, kam im Dezember 1825, nach dem Tod des Zaren, ihrerseits auf ihn zu: Die Niederschlagung der romantisch-idealistischen Revolte gegen das absolute Zarentum, die Verurteilung und Vernichtung der Dekabristen durch den neuen Zaren, Nikolaus I., betraf auch Puschkins persönliche Existenz. Er mußte mit repressiven Maßnahmen des neuen Zaren rechnen. Wieder einmal suchte er bei seinem väterlichen Freund Shukówski Hilfe; am 20. Januar 1826 schrieb er ihm: »Es fällt mir schwer, deinen Beistand gegenüber dem Zaren zu fordern ... Man könnte mir leicht nachweisen, ich hätte politische Gespräche mit dem einen oder anderen der Angeklagten geführt. Freunde habe ich ja genug unter ihnen ...« Shukówski bestätigte ihm: »Du bist zwar nicht in das Gerichtsverfahren verwickelt, aber in den Papieren eines jeden der Beteiligten finden sich deine Gedichte.«
Ein Puschkin-Gedicht, das in Dekabristenkreisen besonders beliebt war und später in konservativen Kreisen, wo man den Dichter zu denunzieren suchte, das Datum des Dekabristenaufstandes als Titel erhielt, war die Elegie »André Chénier« (Juli 1825). Puschkin läßt hier den französischen Dichter am Tag vor seiner Hinrichtung durch Robespierre die »Freiheit« und die »Gleichheit« als die Ideale besingen, die von den neuen Despoten verraten worden seien. In Versen, die von der zaristischen Zensur gestrichen, jedoch handschriftlich verbreitet wurden, identifiziert Puschkins André Chénier den neuen »Zaren«, Robespierre, mit den alten »Zaren«: »... Wo ist die Freiheit und das Recht? ... Wir haben die Zaren gestürzt. Einen Mörder mitsamt seinen Henkern haben wir zum Zaren gemacht. O Schrecken, o Schande! ...«
Puschkin machte sich durch solche aufrührerischen Verse und ihre Verbreitung aufs neue politisch verdächtig. Dabei war er sich bewußt, daß er nur dank seiner »Gefangenschaft« auf dem elterlichen Gut die Teilnahme am Dekabristenaufstand versäumt hatte. Ihn beunruhigte die Ungewißheit und Aussichtslosigkeit

seiner Arrest-Isolation. Anfang Juni 1826 wandte er sich schließlich mit einem Brief direkt an Nikolaus I.; er bat ihn um die Erlaubnis, nach Petersburg oder Moskau oder ins Ausland zu reisen, um seine geschwächte Gesundheit zu kurieren. Drei Monate später erhielt er plötzlich eines Nachts den Befehl des Zaren, unverzüglich, in Begleitung eines Feldjägers, nach Moskau zu kommen. Dort gab ihm der Zar eine Privataudienz, in der Puschkin offenbar seine Freundschaft zu den Dekabristen ausdrücklich bestätigte, jedoch gleichzeitig seine persönliche Abneigung gegen »Aufruhr und Revolution« bekundete. Der Zwiespalt, in dem er sich als Verfasser aufrührerischer Verse und als friedfertiger Staatsbürger befand, ist ihm selbst wohl erst durch das geschichtliche Faktum des Aufruhrs, durch die tatsächliche politische Gewalt bewußt geworden. In einem Brief an Wjásemski vom 10. Juli 1826 charakterisiert Puschkin seine Situation: ». . . Ich habe dem Zaren schon geschrieben, gleich nach Beendigung des Gerichtsverfahrens, und habe mein Gesuch genau mit deinen Worten beendet. Ich warte auf Antwort, habe aber wenig Hoffnung. Aufruhr und Revolution haben mir zwar nie gefallen, aber ich war fast mit allen Verschwörern in Verbindung und stand mit vielen im Briefwechsel. Alle aufrührerischen Manuskripte liefen unter meinem Namen . . .«

Nach seiner Privataudienz beim Zaren wurde Puschkin von seinem Hausarrest und von der bürokratischen Zensur befreit. Aus Micháilowskoje schrieb er am 9. November 1826 an Wjásemski: »Es ist ein poetischer Genuß, als freier Mensch in das verlassene Gefängnis zurückzukehren.« Und an seinen Freund N. M. Jasýkow schrieb er am selben Tag: »Der Zar hat mich von der Zensur befreit. Er selbst ist mein Zensor.« Die Beziehung zwischen dem Dichter und seinem kaiserlichen Zensor wurde aber durch diese »Personalisierung« in den folgenden Jahren keineswegs einfacher[2].

Puschkin suchte seine Dankbarkeit für den Zaren, der ihn »befreit« hatte, mit seiner Treue zu den Dekabristen-Freunden zu verbinden. In dem Gedicht »Stanzen« (Dezember 1826) vergleicht er Nikolaus I. mit dem großen Vorfahren, Peter I., der »mit Wahrhaftigkeit die Herzen gewonnen, mit der Wissenschaft die Sitten gebändigt« habe, der »mutig mit autokratischer Hand die Aufklärung ausgesät, sein heimatliches Land nicht verachtet« habe; ihm solle Nikolaus I. in allem folgen, »unermüdlich und fest und, wie er, nicht nachtragend«. Den Freunden, die ihm u. a. dieses Gedicht als Verrat anlasteten, antwortete Puschkin mit den Versen: »Nein, ich bin kein Schmeichler, wenn ich dem Zaren ein freies Lobgedicht mache: Ich spreche mutig meine Gefühle aus, ich spreche die Sprache des Herzens . . .« Autobiographisch-realistisch, obzwar gelegentlich metaphorisch verfremdet, thematisiert Puschkin seine dichterische Existenz und Identität besonders in den Gedichten »Der Prophet« (1826), »Der Dichter« (1827), »Arion« (1827), »Der Dichter und die Menge« (1828), »An den Dichter« (1830). Es geht ihm um die Respektierung seiner dichterischen Berufung, um die Bewahrung seiner dichterischen Identität, seiner Freiheit, seiner existentiellen Unabhängigkeit gegenüber den politischen Machthabern, gegenüber der am »Nutzen« orientierten Menge, gegenüber den wohlmeinenden Ratgebern und nicht zuletzt auch gegenüber der eigenen »weltlichen« Person.

Der Zar sowie sein Polizeichef Benckendorff und die zaristischen Geheimagenten hatten wachsame Augen und Ohren für Puschkin. Schon bald nach der Privataudienz wurde ihnen bekannt, daß der »befreite« Puschkin in seinem Moskauer Freundeskreis die noch unzensierte Tragödie »Borís Godunów« vorgelesen hatte. Puschkin mußte sich dafür bei ihnen entschuldigen und die Tragödie vorlegen, worauf der Zar ihm mitteilen ließ, er solle lieber eine historische Erzählung à la Walter Scott daraus machen. Noch unangenehmer wurde für Puschkin die Affäre um das »Gabriel«-Poem. Dieses kleine, humvorvoll-blasphemische Meisterwerk über die Jungfrau Maria und ihre Erlebnisse mit dem Erzengel, dem Teufel und dem Heiligen Geist, das er 1821 geschrieben und einigen Freunden mitgeteilt hatte, kam jetzt (1828) dem Petersburger Metropoliten zu Ohren und durch ihn dem Zaren. Vor einer Untersuchungskommission leugnete Puschkin seine Autorschaft, gestand sie aber dann dem Zaren gegenüber ein und erlangte schließlich, da er sich von dieser »Jugendsünde« distanzierte, allerhöchste Verzeihung.

Zu solchen politischen Unannehmlichkeiten kamen private, finanzielle. Am 20. Juli 1827 sah sich Puschkin genötigt, Benckendorff um Schutz gegen Raubdrucke seiner Werke zu bitten: ». . . Ich habe keine anderen Mittel zur Sicherstellung meines Lebensunterhalts als den Lohn für meine schriftstellerische Tätigkeit . . .«

Dennoch nahm der »befreite« Puschkin in den Jahren 1827/28 ausgiebig am aufwendigen gesellschaftlichen Leben der Großen Welt von Petersburg und Moskau teil. »Ich habe mich in die Große Welt gestürzt, weil ich kein Zuhause habe«, schrieb er am 1. September 1828 an Wjásemski. In seinem »Dichter«-Gedicht – geschrieben am 15. August 1827 in Micháilowskoje – gibt er selbst eine Begründung für seine »Unbehaustheit«: Überall, »in den Sorgen der nichtigen Welt« und »in den Freuden des irdischen Alltags«, ist die Seele des Dichters auf das Ertönen des »göttlichen Rufes« gespannt; sie bewahrt in seiner weltlichen Person die Sehnsucht und Bereitschaft, sich aus der prosaischen Wirklichkeit in die Natur, in die Einsamkeit seines »Berufs« zurückzuziehen. Immer wieder bemühte sich Puschkin um eine Balance seiner dichterischen Existenz zwischen prosaischer Wirklichkeit und poetischem »Beruf«. Am Schluß des sechsten Kapitels von »Eugen Onégin« – geschrieben 1826 – beschwört er die »Begeisterung«:

> O bitte, laß mich nie erkalten,
> mich nie verbittern oder mich
> zu Stein erstarren; laß mich dich
> auch hier in unserm Sumpf erhalten,
> in unsrer morschen Modewelt,
> in die zu tauchen uns gefällt! (VI/46)

Puschkin behandelte das Thema der Selbstbewahrung aber nicht nur – wie in dieser Onégin-Strophe und wie in seinen Dichter-Gedichten der Jahre 1826–30 – im Hinblick auf seinen eigenen »Beruf«, sondern auch allgemein, in bezug auf menschliche Existenz: in »Eugen Onégin«, indem er den »uneigentlichen«, gelangweilten Onégin mit dem »eigentlichen«, sehnsüchtigen kontrastiert und diesen Kontrast auf Tatjana als »eigentliche« Tanja bezieht; in »Borís Godunów« durch Dramatisierung des inneren Zwiespalts der Machthaber zwischen politischer Selbstbehauptung und existentieller Selbstentfremdung; in Poltáwa schließlich durch die komplexe Motivation des Verräters Mazepa, der seinem eigenen

Gewissen zu entfliehen trachtet. (In seiner »Entgegnung auf Kritik«, 1830, betont Puschkin diese komplexe Motivation als das Wesentliche, das seinen Mazepa von dem – zehn Jahre zuvor erschienenen – byronschen unterscheide.)

Die Sorge um Bewahrung seiner Dichter-Existenz und seiner Unabhängigkeit gegenüber allen Mächten der prosaischen Wirklichkeit ließ Puschkin in den Jahren 1826–30 um so weniger in Ruhe, als die Lebenslust ihn drängte, sich »in die Große Welt zu stürzen« und Liebesabenteuer zu suchen.

Obwohl er in seinen romantischen Verserzählungen, in »Eugen Onégin«, in »Boris Godunów«, die privat-persönlichen und geschichtlich-gesellschaftlichen Freiheits- und Selbstverwirklichungsansprüche seiner Helden – des Chan Giréj, Alékos, Onégins, Godunóws, Dimítrijs, der Bojaren – so kritisch und existentiell-realistisch behandelt hatte, erstrebte er, gereizt durch die arrogante zaristische Zensur, durch verständnislose Kritik, durch die Vorwürfe der Dekabristen-Freunde, für sich selbst einen geradezu utopischen Freiheitsstatus. Mit Glücksspielen suchte er die materielle Basis seiner Unabhängigkeit zu gewinnen und mit Heiratsplänen, die er mit der einen und anderen Liebesaffäre verband, suchte er das Wunschbild einer freien, gesellschaftlich sanktionierten und doch von der Gesellschaft unabhängigen Privatsphäre zu realisieren. (Als Prosa-Erzähler charakterisierte er ein paar Jahre später in »Pique Dame« [1833] einen Spieler, der mit Hilfe einer Liebesaffäre geheime Glückskarten und mit Hilfe der Glückskarten »Ruhe und Unabhängigkeit« zu erlangen trachtet.)

Freilich war sich Puschkin der Fragwürdigkeit seines eigenen Begriffs von Unabhängigkeit bewußt. Eine Woche nach seiner Verlobung mit Natalja Gontscharówa, der Tochter einer verarmten Adelsfamilie, notierte er am 12./13. Mai 1830: »Ich heirate, d. h. ich opfere meine Unabhängigkeit, meine sorglose, launenhafte Unabhängigkeit, meine luxuriösen Gewohnheiten, ziellosen Wanderungen, meine Einsamkeit, Unbeständigkeit . . .« »Launenhafte Unabhängigkeit« und »Unbeständigkeit« ließen ihn übrigens nicht nur zwischen Moskau, Petersburg und Micháilowskoje hin und her ziehen, sondern auch »ziellos« in den Kaukasus reisen, wo er als

Zivilist zufällig an den Kämpfen der Russen gegen die Türken teilnahm (1829). Das literarische Ergebnis dieser »Wanderung« ist die autobiographische »Reise nach Arzrum«.
Im Herbst 1830, ein halbes Jahr vor seiner Heirat, wurde ihm jedoch auf dem väterlichen Gut Boldinó das Glück einer geradezu unglaublich fruchtbaren Schaffenszeit zuteil. Seinem Freund P. A. Pletnjów schrieb er am 9. Dezember 1830: ». . . Ich sage dir (unter uns), daß ich in Boldinó geschrieben habe, wie ich schon lange nicht mehr geschrieben habe. Folgendes habe ich hierher mitgebracht: Die zwei letzten Kapitel von ›Onégin‹ . . . Eine Erzählung, in Oktaven geschrieben . . . Ein paar dramatische Szenen oder kleine Tragödien, nämlich »Der geizige Ritter«, »Mozart und Salieri«, »Das Gelage während der Pest« und »Don Juan«. Außerdem habe ich etwa 30 kleine Gedichte geschrieben. Gut? Das ist noch nicht alles (ganz geheim). In Prosa habe ich 5 Erzählungen geschrieben . . .« Puschkin fügt hinzu, er wolle diese Erzählungen »anonym drucken«: »Unter meinem Namen geht es nicht, denn Bulgárin – (der neidische, zarentreue Intrigant, der selber Prosaromane schrieb) – würde schimpfen.« Unter der ironischen Maske des »Herausgebers« gab Puschkin seinem ersten abgeschlossenen Prosawerk den Titel »Erzählungen des verstorbenen Iwán Petrówitsch Bélkin«.

»Bélkins Erzählungen«

In seinem Vorwort zu diesem Werk präsentiert Puschkin den »Autor« aus der Sicht eines literarisch ungebildeten Nachbarn als einen jungen Gutsbesitzer, der »aufgrund seiner Unerfahrenheit und Weichherzigkeit« die »Wirtschaft seines Guts verschlampen ließ«. Der »Herausgeber« begnügt sich mit der prosaisch-nachbarlichen Charakterisierung des »Autors« – »in der Hoffnung, daß das Publikum ihre Aufrichtigkeit und Gutmütigkeit zu schätzen weiß«[1].

Natürlich wußte Puschkin, daß sein byronistisch-romantisch voreingenommenes Publikum durchaus nicht bereit war, »Aufrichtigkeit und Gutmütigkeit« als maßgebliche Qualitäten wirklicher oder gar fiktiver Personen zu schätzen. Vermutlich wollte er durch sein Vorwort die Enttäuschung des romantischen Lesers über »Bélkins Erzählungen« ironisch vorwegnehmen, um eine angemessenere, nachdenkliche Rezeption der Erzählungen zu ermöglichen. Dieser Intention entsprechen ja auch die Mottos, die er den einzelnen Erzählungen sowie dem Vorwort vorausgeschickt hat: Sie haben die Funktion, die romantische Leseerwartung zu irritieren. Und mit dieser Intention stimmt auch die ironische Delegierung der Autor-Verantwortung an den bescheidenen, unromantischen Bélkin, der keinen Dichterruhm zu behaupten hat und seinerseits andere Erzähler-Personen für sein Werk mitverantwortlich macht, überein[2].

Puschkins Vorsichtsmaßnahmen hatten jedoch keinen sichtbaren Erfolg. Noch Jahre später bekundete Belínski, der maßgebliche russische Literaturkritiker der 30er und 40er Jahre des 19. Jahrhunderts, der enthusiastische Bewunderer von »Eugen Onégin«, seine byronistisch-romantizistische Enttäuschung über »Bélkins Erzählungen«: Sie brächten nichts Neues, »Erregendes«, nichts, was das »Blut eines feurigen Jünglings in Wallung versetzen« könnte. Dem romantizistischen Anspruch Belínskis sind sowjetrussische Literaturwissenschaftler bis in die neueste Zeit gefolgt; allerdings sind sie dennoch zu einer positiven Bewertung von »Bélkins Erzählungen« gelangt, weil sie darin sozialkritischen Realismus als maßgebliches thematisches und methodisches Prinzip entdecken zu können meinten. Unter dem soziologischen Aspekt suchten sie insbesondere die erste Erzählung, den »Schuß«, zu deuten. Da der »Schuß« auch im Westen bis in die neueste Zeit, freilich unter anderem Aspekt, nämlich strukturalistischem und psychologischem, besondere Beachtung gefunden hat, bezeugt er beispielhaft die provokative Kraft von Puschkins Prosa-Erzählkunst.

Aus der Sicht sowjetrussischer Literaturwissenschaftler wandelt und läutert sich der Held der Erzählung im Verlauf der Geschichte: Silvio, der gesellschaftlich nicht priviligierte romantische »Draufgänger«, der im ersten Teil der Geschichte seine persönliche Vorrangstellung gegenüber dem gesellschaftlich priviligierten Grafen mutig zu behaupten trachtet, wandelt sich im zweiten Teil der Geschichte zunächst in einen souveränen Menschen, der seine moralische Überlegenheit beweist, indem er seinen herrschaftlich-hochmütigen Gegner in Angst und Schrecken versetzt und ihm dann doch gnädig das Leben läßt; und er wandelt sich schließlich in einen echten »Freiheitshelden«, der im griechischen Freiheitskampf, zugunsten der »fortschrittlichen Menschheit«, sich selber opfert[3].

Aus der Sicht westlicher Literaturwissenschaftler bleibt dagegen Silvio nach wie vor derselbe: ein »pseudoromantischer Held«, ein »ängstlicher Möchtegern-Rächer«, der eine »literarische Schablone«, das romantische Klischee, existentiell zu realisieren trachtet, tatsächlich aber nicht einmal imstande ist, auf seinen Gegner, den Grafen, zu schießen, vielmehr »sechsmal den todbringenden Schuß verweigert«, weil er eigentlich »keiner Fliege etwas zu leide tun kann«; als »Möchtegern«-Held kommt Silvio schließlich zufällig in der Schlacht bei Skuleni (die Puschkin als absurden Kampf charakterisiert hat) um[4].

So gegensätzliche Deutungen sind auch anderen Vers- und Prosa-Werken Puschkins zuteil geworden: »Eugen Onégin«, dem »Postmeister«, den »kleinen Tragödien«, »Angelo«, dem »Ehernen Reiter«, »Pique Dame« . . . Puschkin liebte es, seinen Leser zu irritieren, vor Fragen zu stellen, mit eigenen Vorurteilen zu konfrontieren, ihn zu veranlassen, seine Weltanschauung, seine Wertmaßstäbe, sein Seinsverständnis zu überdenken. Aber Puschkin hat keines seiner Werke der willkürlichen Deutung seines Lesers

überlassen; vielmehr hat er seinen Werken deutliche Leseanweisungen eingeschrieben und damit Barrieren gegen die Willkür des Lesers gesetzt.
In bezug auf den »Schuß« haben die beiden skizzierten gegensätzlichen Deutungen verschiedene solcher Leseanweisungen außer Acht gelassen.
In Puschkins Text ist Silvio – entgegen der zitierten sowjetrussischen Auffassung – durchaus nicht als eine wandlungs- oder gar bildungsfähige Person geschildert, und zwar weder aus der Perspektive des jungen romantischen Offiziers, des Erzählers, der – wie er selber sagt – dank seiner »angeborenen romantischen Phantasie stärker als alle anderen diesem Menschen (Silvio) zugetan war«, – noch aus Silvios eigener Erzählperspektive, noch schließlich aus der Erzählperspektive des Grafen; vielmehr ist in allen drei Perspektiven gerade die existentielle Identität des romantischen Helden, des schrecklichen Rächers Silvio betont, um so mehr, als Silvios Kontrast-Personen, der Erzähler und der Graf, ihrerseits im zweiten Teil der Geschichte existentiell andere sind als im ersten Teil: Der Erzähler ist nicht mehr ein junger Offizier und romantischer Bewunderer Silvios, sondern ein provinzieller Gutsbesitzer (der sich nur noch »heimlich nach dem früheren bewegten und sorglosen Leben sehnt«), ein freundlicher Nachbar des Grafen; und der Graf ist nicht mehr ein leichtfertiger »Schlingel« und Todverächter, der seinem Duellgegner Silvio Kirschkerne entgegenspuckte, sondern ein verantwortungsbewußter liebender und geliebter Ehemann. Allein Silvio ist nach wie vor mit sich selbst und seiner Rache beschäftigt, so, als stände ihm sein ehemaliger Gegner, der Graf, noch immer als derselbe, vermeintlich romantische Konkurrent gegenüber. So sehr ist Silvio in seinem romantischen Wahn, in seinen romantizistischen Wertmaßstäben befangen, daß er gar nicht wahrnehmen kann, wie sich die Realität, wie sich sein Gegner, wie sich die wechselseitigen Beziehungen und die Wertungskriterien verändert haben. Eben in diesen Veränderungen und in der dreifach perspektivierten Selbigkeit Silvios bestehen die wichtigsten latenten Leseanweisungen, die Puschkin seinem Text eingeschrieben hat, ohne den Leser zu gängeln. Gerade indem der veränderte Graf im zweiten Teil der Geschichte seinem Nachbarn,

dem Erzähler, unbeschönigt schildert, wie sich Silvio als überlegener romantischer Held rehabilitiert hat – »Ich will alles erzählen« –, sagt der Graf zu seiner Frau; »er weiß, wie ich seinen Freund beleidigt habe; er soll erfahren, wie sich Silvio an mir gerächt hat« – gerade dadurch läßt er den Rächer Silvio unversehens als unmenschlich erscheinen: Silvio hat – und das widerspricht der skizzierten westlichen Auffassung – sowohl in seinem Selbstverständnis als auch im Verständnis des Grafen durch den Verzicht auf den todbringenden Schuß seine Rache vollendet, seine Rachsucht befriedigt (»Ich bin zufrieden: ich habe deine Verwirrung, deine Angst gesehen . . .«). In seinem romantischen Wahn befangen, fühlt Silvio seine Rachsucht eben dadurch befriedigt, daß er seinem Gegner das vermeintlich entehrte, unromantische Leben gelassen hat. Er hat im zweiten Teil der Geschichte, genau wie im ersten Teil, vom Leben des Grafen mehr »Nutzen« (wie er sich selber ausdrückt) als vom Tod des Grafen. Im ersten Teil spekuliert er rachsüchtig darauf, daß dem Grafen eines Tages sein Leben teuer, also für ihn, Silvio, raubenswert würde: »Wir wollen sehen, ob er (der Graf) vor seiner Hochzeit den Tod genau so gleichmütig empfangen wird, wie er ihn damals mit Kirschen erwartet hat.« Im zweiten Teil spekuliert Silvio rachsüchtig darauf, daß dem Grafen sein nunmehr teueres Leben, von schlechtem Gewissen belastet, zur lebenslangen Qual, also für ihn, Silvio, zur Freude würde: »Du wirst an mich denken. Ich überlasse dich deinem Gewissen.« Der Graf aber gibt mit seiner Rehabilitation des romantischen Rächers Silvio dem Erzähler und damit dem Leser zu verstehen, daß Silvio in seinem byronistisch-romantizistischen Wahn gar nicht auf den Gedanken kommt, man könne als disqualifizierter romantischer Held mit einem ziemlich guten Gewissen, in dem die eigene Schuld nicht getilgt, aber »aufgehoben« ist, ein glückliches Leben als liebender und geliebter Ehemann führen. Der Erzähler seinerseits interessiert sich am Ende nicht weiter für seinen einstigen Helden. Er begnügt sich mit dem Gerücht, Silvio sei in der (absurden) Schlacht bei Skuleni umgekommen. So gibt er – und hinter ihm Puschkin – dem Leser zu verstehen, daß Silvios sinnloser Tod seinem sinnlosen Leben entspricht. Die Erzählung ist gewissermaßen die Entdeckung dieser Sinnlosigkeit. Silvios meisterhafter, scheinbar Wilhelm Tell gemäßer, in Wahrheit aber sinnloser Schuß (auf die Kugel des Grafen im Bild der Schweizer Landschaft) symbolisiert – dem Titel entsprechend – den Sinn der Erzählung.

Puschkins »Schuß« ist offenbar gar nicht auf Silvio persönlich, auf ein realistisches, psychologisch und soziologisch konstruiertes Persönlichkeitsmodell abgezielt. Der »Schuß« gilt vielmehr den Kategorien, Kriterien, Wertmaßstäben der Romantik, an denen sich Silvio – und anfangs auch der Erzähler – orientiert. (Schon im ersten Teil der Erzählung distanziert sich jedoch der Erzähler von seinem jugendlichen Ich und überhaupt von den »jungen Leuten, die in der Tapferkeit gewöhnlich den höchsten menschlichen Wert und eine Entschuldigung für alle möglichen Laster sehen«.)

Der »Schuß« betrifft nicht die fragwürdige Romantizität eines Individuums; er betrifft vielmehr die unmenschliche romantische Existenzorientierung. Nicht aus dem modischen, zeitgenössischen, byronistisch-romantizistischen Seinsverständnis ist der »Schuß« hervorgegangen, sondern aus dem klassisch-humanen, das die Identität des Dichters Puschkin fundiert[5].

Unter Berücksichtigung von Puschkins dichterischer Identität lesen sich auch die anderen »Erzählungen Bélkins« nicht so schlicht und problemlos, wie Belínski und seine Nachfolger sie gelesen haben. Das Neue, »Erregende«, das in ihnen zu entdecken ist, beruht in der latenten, jedoch provozierenden Fragestellung, die Puschkin mit seinen Helden und ihrer Geschichte jeweils verknüpft hat. Wie Silvio auf den zeitgenössischen Romantizismus bezogen ist, so sind auch die Helden der anderen »Erzählungen Bélkins« thematisch auf literarisch tradierte Existenz-Maßstäbe und -Vorurteile bezogen.

In der zweiten Erzählung des Zyklus, dem »Schneesturm«, ist die literarisch inszenierte romantische Liebe eines jungen Pärchens, das durch den Zufall eines Schneesturms getrennt wird und an diesem Zufall seine romantische Liebe scheitern läßt, humorvoll-ironisch kontrastiert mit der realen Liebe eines Paares, das sich literarischer romantischer Rollen (Rousseaus, Karamsíns) souverän realistisch bedient und nachträglich im Zufall desselben Schneesturms die »Rechtmäßigkeit« seiner Liebe entdeckt. So wird gewissermaßen die Liebe für ihren Fortschritt von der Romantik zum Realismus humorvoll-ironisch mit einem Happy-End belohnt, in dem die

Schuld des Liebenden, der mit dem Zufall gespielt hat, aufgehoben ist[6].

Die dritte Erzählung zeigt den Titelhelden, den »Sargmacher«, weniger mit seinen »Kundleuten«, den Toten, als vielmehr mit seinen eigenen Lebensangelegenheiten und materiellen »Habseligkeiten« beschäftigt. Er hat seine Gier so weit verinnerlicht, daß sie sein Gewissen verdrängt hat. Sein schauerromantischer Traum – von Puschkin humorvoll-ironisch als schauerromantische Realität präsentiert – läßt ihn sowohl seine Gier als auch seine Angst und sein schlechtes Gewissen gegenüber seinen betrogenen, rebellierenden, gierigen »Kundleuten« erleben. Kaum erwacht, verdrängt er seinen Traum und seine dubiosen und unangenehmen Gefühle, hocherfreut, daß er derselbe sein kann wie vor dem Traum[7].

Das Thema der existentiellen Identität und der existentialisierten Vorurteile beherrscht auch die vierte Erzählung, den »Postmeister«. In der Einführung verteidigt der Ich-Erzähler die Postmeister insgesamt gegen ihren Ruf, sie seien – wie das Motto besagt – »Diktatoren«. Den Helden seiner Erzählung und dessen Tochter Dunja zeigt er aus der Perspektive seiner drei Besuche auf der abgelegenen Poststation. Bei seinem ersten Besuch sieht er den Postmeister als stolzen Vater einer hübschen Tochter, die ihre verstorbene Mutter vertritt; mehr als Vater und Tochter interessieren den Erzähler jedoch zunächst die »Bilder, die das bescheidene, aber saubere Heim schmückten«; sie »stellten die Geschichte vom verlorenen Sohn dar«. In der Tochter findet der Erzähler ein liebenswertes, »kokettes«, »welterfahrenes« Mädchen, das ihm zum Abschied einen Kuß gibt, den er jahrelang im Gedächtnis behält. »Mit traurigem Vorgefühl« besucht er »nach einigen Jahren« wiederum die Poststation, wobei er nur »die Tochter des alten Postmeisters« im Sinn hat. Wieder sieht er die »Bilder, die die Geschichte vom verlorenen Sohn darstellten«. Dann hört er beim Punsch den »armen Vater« von seiner »armen Dunja« erzählen, von dem »verirrten Schäfchen«, das durch einen jungen Offizier nach Petersburg entführt worden sei und dort, ihrem Zuhause entfremdet, elend zugrunde gehen werde. Beim dritten Besuch findet der Erzähler im Haus des Postmeisters eine Bierbrauersfrau, die berichtet, der Postmeister habe »sich totgetrunken«. Ein Junge führt ihn zum Grab und erzählt ihm dort, vor kurzem sei »eine wunderschöne Dame in einer Kutsche mit sechs Pferden und drei kleinen herrschaftlichen Kindern und einer Amme und einem schwarzen Mops« hier gewesen, um den Postmeister zu besuchen; sie habe, »als man ihr sagte, daß er gestorben sei«, geweint und lange an seinem Grab gelegen.

Nach soziologischer Auffassung – in der Sowjetunion noch vor kurzem vertreten – zeigt Puschkin den Postmeister »als Opfer der ungerechten sozialen Verhältnisse«; Puschkin führe »den Leser vom Mitleid mit dem erniedrigten kleinen Mann zum Erkennen der sozialen Ungerechtigkeit der herrschenden Gesellschaftsordnung«[8]. Nach neuerer westlicher Auffassung hingegen zeigt Puschkin den Postmeister seiner Tochter gegenüber in der »Rolle des verlassenen Ehemannes und unterlegenen Rivalen«, der »in der Tiefe seines Bewußtseins sehr wohl um Dunjas glückliche Zukunft« weiß, »den echten Schmerz des verlassenen Ehemannes mit dem übertriebenen Schmerz des sich biblisch sorgenden Vaters« kaschiert und »seiner Tochter – wenig väterlich – das Grab wünscht«, das ihm schließlich selber zuteil wird. Diese Auffassung bringt eine Fülle von Anspielungen zum Vorschein, durch die Puschkin seinen Text mit anderen Texten verbunden hat: nicht nur mit dem Gleichnis vom verlorenen Sohn und dem Gleichnis vom guten Hirten, sondern auch mit sentimentalistischen russischen Erzählungen, mit russischen Sprichwörtern, sprichwörtlichen Redensarten usw.[9]. Aus der vielfältigen, teils locker, teils dicht geknüpften Intertextualität von Puschkins »Postmeister« ergeben sich mehr oder weniger wichtige latente Bedeutungen, die den Sinn der Erzählung als komplex und frag-würdig erscheinen lassen. Puschkins raffiniertes Kunst-Spiel mit literarischen Figuren und Geschichten, denen fragwürdige Existenz-Maßstäbe und -Vorurteile abzulesen sind, fordert die unvoreingenommene Entdeckung menschlicher Existenzorientierung heraus.

Bemerkenswert ist, daß Puschkin dem biblisch voreingenommenen Postmeister, der starrsinnig an seiner irreführenden Orientierung festhält und sich über seinen väterlich-»diktatorischen« Besitzanspruch hinwegtäuscht, durchaus nicht allein die Schuld an seiner »Tragödie« zuweist; vielmehr zeigt er Dunja und ihren Geliebten als mitschuldig. Im Glück ihrer Liebesgeschichte setzen sich die beiden, zwar »schuldbewußt« bzw. »weinend«, aber doch »mit eigenem Willen«, mit List, Betrug, Bestechung und sogar mit Gewalt über das Unglück des Alten hinweg. In solcher Schuldverteilung macht sich Puschkins existentiell-realistische Gerechtigkeit geltend.

In der letzten der fünf »Erzählungen Bélkins«, dem »Fräulein als Bäuerin«, läßt Puschkin versöhnlich-humorvoll-ironisch die menschlichen Prinzipien triumphieren, die der »Herausgeber« am Schluß seines Vorwortes ausdrücklich der Wertschätzung seines Publikums empfohlen hat: »Aufrichtigkeit (vielleicht besser: Warmherzigkeit) und Gutmütigkeit.«

Die beiden nachbarlichen Gutsbesitzer, die einander feind sind, der konservative Pragmatiker und der liberale Anglomane, versöhnen sich schon bei der ersten zufälligen Begegnung. Ihre Wertmaßstäbe und Vorurteile hindern sie nicht an der Entdeckung ihrer eigentlichen, menschlichen Gefühle und ihrer gemeinsamen väterlichen Interessen. Ebenso wenig lassen sich ihre Kinder von den gesellschaftlichen Vorurteilen, mit denen sie aufgewachsen sind, in ihrer Liebesbeziehung irritieren; vielmehr stellen sie gerade aufgrund ihrer Liebe die gesellschaftlichen Vorurteile in Frage: Der Sohn des konservativen Pragmatikers kommt auf den »romantischen Gedanken, ein Bauernmädchen zu heiraten und von seiner eigenen Arbeit zu leben«, und die Tochter des liberalen Anglomanen, die sich ihm gegenüber als Bauernmädchen ausgibt, hegt die »romantische Hoffnung«, den Gutsbesitzerssohn »zu Füßen der Tochter des Dorfschmieds zu sehen«. Freilich erweisen sich ihre romantischen Hintergedanken als überflüssig: In der Realität sind Aufrichtigkeit (Warmherzigkeit) und Gutmütigkeit die maßgeblichen Existenzprinzipien, die ein Happy-End gewährleisten.

Die existentiell-realistische Bedeutung, die Puschkin seinem Bélkin als »Autor« zugedacht hat, zeigt sich auch in Bélkins »Geschichte des Dorfes Gorjúchino« (1830). In seiner »autobiographischen« Einleitung präsentiert sich Bélkin als ein aufrichtiger und gutmütiger Möchtegern-Schriftsteller, der, enttäuscht von seinen Poesie-Versuchen, »zur Prosa hinabsteigen wollte«, schließlich aber, da ihm außer banalen Sentenzen und schlichten Anekdoten-Geschichten nichts eingefallen sei, sich der geschichtlichen Wirklichkeit zugewandt habe. Seine bescheidene Bildung habe es ihm jedoch nicht erlaubt, »als Richter, Beobachter und Prophet von Jahrhunderten und Völkern« zu wirken oder auch nur die »vaterländische Geschichte« zu bearbeiten. Ein »unerwarteter Zufall« – der Fund von statistischen Angaben zur Geschichte seines Dorfes – habe ihm dann sein Thema und das einschlägige prosaische Arbeitsmaterial in die Hände gespielt. So sei er der Gesichtsschreiber dieser niedrigen Wirklichkeit geworden.

Die »Geschichte des Dorfes Gorjúchino« ist Fragment geblieben; sie endet mit der Beschreibung der Verelendung der Bauern durch gutsbesitzerliche Ausbeutung. Puschkin benutzte für diese Geschichte, die seinen kritischen Realismus bezeugt, Unterlagen, die er auf seinem väterlichen Gut Boldinó gefunden hatte. Freilich besteht Puschkins kritischer Realismus nicht in einer naiv-polemischen Widerspiegelung der geschichtlich-gesellschaftlichen Wirklichkeit; vielmehr impliziert er eine ironische und parodistische Auseinandersetzung mit der russischen und europäischen Geschichtsschreibung und historischen Erzählliteratur[10], und zwar unter existentiell-realistischem Aspekt.

Die »kleinen Tragödien«

Die vier »kleinen Tragödien«, die Puschkin in seinem Brief an Pletnjów vom 9. Dezember 1830 zu den Werken zählt, die er im Herbst in Boldinó geschrieben habe, bilden einen Zyklus von Einaktern; sie sind nicht nur methodisch – durch ihre szenische Komposition und durch dasselbe Versmaß: fünffüßige Jamben (Blankvers) –, sondern auch thematisch miteinander verbunden: Thematisiert ist in ihnen jeweils eine spezifische Hybris, die mit einer Leidenschaft – Geiz, Neid, Liebeslust, Lebensgier – verknüpft ist und den leidenschaftlich Besessenen ad absurdum, in die Selbstentfremdung führt[1].

Der »geizige Ritter« – von Puschkin mystifiziert als Titelheld einer englischen Blankvers-Tragikomödie – betrachtet sich selbst, in seinem mit Gold gefüllten Keller, als einen »Dämon«, der »von hier aus die Welt regieren kann«. Er fühlt sich nicht von einer Leidenschaft, dem Geiz, beherrscht, sondern im Gegenteil, er fühlt sich gewissermaßen als »Selbstherrscher«:

> Gelassen steh ich über allen Wünschen;
> ich weiß um meine Macht; und dies Bewußtsein
> ist mir genug . . .
> Ich bin der Zar! Welch zauberhafter Glanz!
> In meiner Hand und stark ist meine Herrschaft;
> sie ist mein Glück, mein Ruhm und meine Ehre!
> Ich bin der Zar . . .

Er braucht das Gold, den »gewichtigen Repräsentanten menschlicher Sorgen, Betrügereien, Tränen, Gebete, Flüche«, nicht zum Leben, sondern als Lebensersatz: zur Selbstbehauptung, zum Selbstbewußtsein. Er hat das Gold mit »bitterer Enthaltsamkeit, gezügelten Leidenschaften, schweren Gedanken, alltäglichen Sorgen, schlaflosen Nächten« und »Gewissensbissen« teuer erkauft. Seine Existenz besteht jetzt nur noch in der Sorge um das Gold, das ihm sein Leben aufgezehrt hat und mit dem er deshalb sein Leben identifiziert. In dieser Sorge ist auch seine Angst vor dem Tod aufgehoben: Nicht sein Tod macht ihm Angst, sondern die Sorge, daß sein leichtfertiger Sohn das Gold, d. h. das Leben seines Vaters,

verschleudern werde. Er beschuldigt seinen Sohn, er habe die Absicht ihn »zu töten«, d. h. »zu bestehlen«. Sein Sohn nennt ihn »Lügner« und trifft damit unversehens das pervertierte »ritterliche« Selbstbewußtsein des Alten, der seine Wahrheit, nämlich die Identität von Gold und Leben, und damit seinen fundamentalen Selbstbetrug und seine totale Selbstentfremdung bis zum Tod bewahrt: Seine »Schlüssel« zu den Schatztruhen sind am Ende das einzige, was sein eigen ist, worum er sich sorgt und ängstigt, was für ihn, den vermeintlichen »Ritter«, noch in seiner Ohnmacht bewahrenswert ist: »Die Schlüssel, meine Schlüssel! . . .«
Im zweiten Einakter, »Mozart und Salieri«, bekennt sich Salieri ausdrücklich zu seiner Leidenschaft, seinem »Neid«: Neid sei ihm, dem »stolzen Salieri«, fremd gewesen bis zu dem Augenblick, da er die »Ungerechtigkeit« im Himmel wie auf Erden entdeckt habe: Die »heilige Gabe« sei nicht einem Würdigen »als Lohn für glühende Liebe, Selbstaufopferung, Arbeit, Fleiß, Gebet« zuteil geworden, sondern einem »Wahnsinnigen«, einem »müßigen Schlingel«: Mozart. Diese Ungerechtigkeit habe ihn zum »Neider« gemacht. Tatsächlich präsentiert sich Mozart als ein »Kindskopf«, der zugleich begnadeter Künstler ist. Ihm gegenüber macht sich Salieri zum Anwalt der Kunst. Er fühlt sich vom »Schicksal« berufen, die heilige Musik gegen den profanen Musiker, der den »Gott« in ihm verrate, zu schützen. Dabei argumentiert er mit dem Prinzip des »Nutzens« (das Mozart seinerseits »verächtlich« nennt):

> Was nützt es denn, wenn Mozart weiterlebt,
> wenn immer neue Höhen er erreicht?
> Hebt er die Kunst damit auch höher? Nein!
> Sie fällt zurück, sobald er selber weg ist:
> Er wird uns keinen Erben hinterlassen.
> Was nützt er uns? . . .

Im Gegensatz zu Mozart kann Salieri Kunst und Leben nicht vereinen. Er ist bereit, für die Kunst Leben zu opfern, sei es sein eigenes, das er im Hinblick auf Mozart als »Kränkung«, als vergiftet empfindet, sei es das von Mozart, das er als Gefahr für die absolute, vom profanen lebendigen Künstler losgelöste Kunst betrachtet. Mozarts These, »Genie und Verbrechen« seien »unvereinbar«, hindert Salieri nicht, vermeintlich der Kunst zuliebe, seinen »Feind« zu vergiften und gleichzeitig, in dem Gefühl, »eine schwere Pflicht erfüllt zu haben«, beseligt dem Requiem zu lauschen. So benutzt er Mozarts Kunst und Leben zu einer absurden, kunst- und lebensfeindlichen Selbstbehauptung, die nichts anderes als totale Selbstentfemdung ist: Am Ende sucht er mit Hilfe von dubiosen Gerüchten andere Künstler als Mörder zu verdächtigen, um Mozarts These, Genie und Verbrechen seien unvereinbar, in bezug auf sich selbst zu widerlegen.

Der Titel der dritten »kleinen Tragödie«, »Der steinerne Gast«, macht darauf aufmerksam, daß es in diesem Einakter nicht um Don Juan als Liebhaber, als Verführer von Laura und Donna Anna geht, sondern um Don Juan als mörderischen Herausforderer und Verlierer. Diese puschkinsche Leseanweisung, die durch das Motto verstärkt wird, ist in der Rezeptions- und Interpretationsgeschichte nicht recht berücksichtigt worden, weil der puschkinsche Don Juan – wie viele andere puschkinsche Helden – zu sehr im Vergleich zu literarischen und musikalischen Vorläufern oder gar zu Puschkin persönlich gesehen worden ist.

Puschkin hat seinen liebeslustigen Don Juan von Anfang an mit dem toten Komtur, dem »steinernen Gast« verbunden. Schon in der ersten Szene, bei der ersten Begegnung von Don Juan und Donna Anna, ist der Komtur gegenwärtig: in Gestalt des Grabmals und als Gesprächsthema. Die zweite Szene bestätigt Don Juans tödliche Liebeslust: Laura, die Schauspielerin und Sängerin, die Don Juans Hymnen auf den augenblicklichen Liebesgenuß reproduziert, geht leichtfertig mit ihrem Geliebten über Leichen. In der dritten Szene gibt Don Juan selbst gegenüber Donna Anna seine Liebeslust als Todeslust zu erkennen: Auf Donna Annas Frage, was er von ihr fordere, antwortet Don Juan: »den Tod«; und wollüstig poetisiert er ihre Schritte auf seinem Grabstein. Darauf Donna Anna: »Sie sind ja nicht bei Sinnen.« Er selber nennt sein Leben »wahnsinnig«, seinen Tod hingegen sinnvoll – in der Hoffnung, Donna Anna von ihrer Treue zu dem toten Komtur ablenken und zum Wahnsinn seiner Liebeslust verführen zu können. In seinem augenblicklichen Glücksgefühl ruft er die Statue des Komtur zu seinem Rendez-vous mit Donna Anna. Nicht ganz so leichtfertig wie Laura in der zweiten

Szene, läßt sich Donna Anna in der vierten Szene auf seine tödliche Liebeslust ein (Don Juan: »Befiehl, so sterbe ich . . .«). Er bekennt ihr seine Liebeslust als sein moralisches Prinzip (»Seit ich Sie liebe, liebe ich die Tugend«). Auf Donna Annas mißtrauische Frage, wieviel arme Frauen er zugrunde gerichtet habe, antwortet er, er habe »nicht eine einzige von ihnen geliebt«, – als hätte ihn Donna Anna nach seiner Liebeslust und nicht nach den »armen Frauen« gefragt. Mißtrauisch fragt sie nach:

> . . . Und ich soll glauben,
> daß Don Juan zum ersten Mal verliebt ist,
> daß er in mir kein neues Opfer sucht!

Auch dieser Fragestellung weicht Don Juan aus: Er habe nicht geleugnet, daß er, Don Juan, der Mörder ihres Mannes sei. Da er im Dienst seiner Liebeslust jeweils den augenblicklichen Lebensgenuß verabsolutiert, benutzt er unversehens den Tod als stimulierende Kraft. (Dieses Motiv ist in der vierten »kleinen Tragödie« das Hauptthema.) Tatsächlich ist für ihn der Tod nichts anderes als eine Funktion seiner Liebeslust:

> Was ist der Tod? den süßen Augenblick
> bezahl ich klaglos mit dem Leben . . .

Am Ende aber klagt er, ohnmächtig in seinem wahnsinnigen Selbstbetrug. Er bittet die Statue des Komtur, den Repräsentanten des Todes, ihn loszulassen; und er bekundet seine totale Selbstentfremdung, indem er sein »neues Opfer«, die ohnmächtige Donna Anna, zu Hilfe ruft:

> Laß los, laß mich – laß meine Hand . . .
> Ich geh zugrunde – aus – o Donna Anna!

Die strenge Moral, die dem »Steinernen Gast« – wie den anderen »kleinen Tragödien« – abzulesen ist, darf freilich nicht als die Lebensregel gedeutet werden, die Puschkin selbst in seiner Lebenspraxis befolgt habe. Puschkins eigene Don Juan-Züge sind in der Rezeptions- und Interpretationsgeschichte oft hervorgehoben worden[2]. Aber die Lebenspraxis des Dichters darf ihrerseits nicht als Leseanweisung für sein Werk verwendet werden. Jedenfalls hat

Puschkins klassisch-humanes Seinsverständnis seine reifen Werke, darunter die vier »kleinen Tragödien«, maßgeblich geprägt. In diesem Seinsverständnis ist die dichterische Identität begründet, aus der gleichzeitig mit den »kleinen Tragödien« – auch der Schluß (das siebte und achte Kapitel) von »Eugen Onégin« hervorgegangen ist: Als maßgebliches Lebensprinzip ist hier die Liebe im Modus der Sehnsucht, der Selbsthingabe, und nicht im Modus der Lust, der Selbstbefriedigung, befürwortet (genauso wie in dem Gedicht: »Ich habe dich geliebt . . .«).

Die vierte »kleine Tragödie«, das »Gelage während der Pest (Fragment aus Wilsons Tragödie The City of the Plague)«, thematisiert den »Wahnsinn« und Selbstbetrug von Menschen, die angesichts des Todes nicht ihre Seele und ihren Geist, sondern ihren sterblichen Leib im Sinn haben. Der »junge Mann«, der am Anfang des Gelages auf den soeben verstorbenen Spaßmacher trinken möchte, »als ob er noch lebendig wäre«, leitet den Selbstbetrug ein. Gleich darauf läßt der »Vorsitzende« die ernste Mary ihr entsagungsvolles elegisches Lied singen, um sich »dann um so wahnsinniger der Fröhlichkeit zuzuwenden«. Er selber sucht mit seiner »Hymne zu Ehren der Pest« von dem schaurigen Eindruck abzulenken, den der Pestleichenwagen auf die Feiernden, insbesondere auf die leiblich-leichtlebige Luise gemacht hat. Der Vorsitzende feiert die Pest als eine Macht, die, »da sie mit Untergang droht, für das Herz des Sterblichen unerklärlichen Genuß, vielleicht das Unterpfand der Unsterblichkeit, in sich birgt«. Ihm widerspricht ein Priester, der die »gottlosen Wahnsinnigen« beschwört:

> Beendet dieses schreckliche Geplage,
> wenn ihr euch danach sehnt, den Seelen derer,
> die ihr geliebt, die ihr verloren habt,
> im Himmel wieder zu begegnen.

Aber seine Aufforderung, nach Hause zu gehen, wird von dem Vorsitzenden zurückgewiesen:

> . . . Unsre Häuser,
> sie sind so traurig – Jugend liebt die Freude.

Der Priester erinnert den Vorsitzenden an seine eigene Trauer um die verstorbene Mutter und an die Trauer seiner Mutter, die jetzt vom Himmel herab ihren Sohn so ausgelassen beim Gelage sehe. Doch der Vorsitzende antwortet dem Priester:

> . . . Ich kann nicht und ich darf nicht
> dir folgen. Nein. Zurück hält mich hier alles:
> Verzweiflung und entsetzliches Erinnern,
> das Wissen um das Unrecht, das ich tue,
> die Angst vor jener totenstillen Leere,
> der ich in meinem Haus begegnen würde –
> und auch das Neue dieser wilden Feier,
> das wohltätige Gift in diesem Becher . . .

Der Vorsitzende bleibt bei seinem Wahnsinn, seinem Selbstbetrug, bei der Betäubung seiner Seele, bei der Verdrängung seines Gewissens; er bleibt – wie Don Juan bei seiner tödlichen Liebeslust – bei seinem tödlichen Gelage, jedoch nicht ausgelassen, sondern »in tiefer Nachdenklichkeit versunken«. Seine Hybris ist besiegt, er entdeckt seine Selbstentfremdung bei der Verabsolutierung des sterblichen Leibes.

Zweifellos ist auch diese »kleine Tragödie« und ihre strenge Moral mit Puschkins persönlicher Lebenserfahrung verbunden: In Rußland grassierte im Herbst 1830 eine Cholera-Epidemie; durch sie wurde Puschkin bis in den Dezember auf dem Gut Boldinó festgehalten und zur Lektüre, Übersetzung und Bearbeitung von Wilsons Tragödie angeregt[3].

Jede der vier »kleinen Tragödien« bindet die jeweils thematisierte Selbstverabsolutierung und »wahnsinnige« Selbstentfremdung der Helden an eine konkrete geschichtlich-gesellschaftliche Sphäre. Diese historisch-soziologische Konkretisierung, die wiederum auf die europäische »Weltkultur« Bezug nimmt, markiert den Abstand der puschkinschen Tragödien zur generalisierenden klassizistischen Tradition, während die existentiell-realistische, »humanistische« Selbstentfremdungs-Thematik den Abstand zur byronistischen Weltschmerz-Romantik markiert[4].

Die Frage, ob Puschkins Einakter eigentlich Bühnenstücke sind, ist oft diskutiert und kontrovers beantwortet worden[5]. Tatsache ist, daß die Stücke nach wie vor – genau so wie »Borís Godunów« – sehr selten aufgeführt werden. Zweifellos kommt Puschkins »Lakonismus« dem Leser mehr entgegen als dem Zuschauer: Wie in den Vers- und Prosa-Erzählungen, so erschließt sich auch in den Einaktern die Fülle der latenten komplexen Bedeutungen nicht »im Augenblick«. Das bestätigt die Rezeptions- und Interpretationsgeschichte von Puschkins Werken.

Die späteren Verserzählungen

Außer den beiden letzten Kapiteln von »Eugen Onégin«, den vier »kleinen Tragödien«, dreißig Gedichten, den »Erzählungen Bélkins« erwähnt Puschkin in seinem Brief an Pletnjów vom 9. Dezember 1830 noch eine »in Oktaven geschriebene Erzählung«, die ebenfalls im Herbst 1830 in Boldinó entstanden sei: »Das Häuschen in Kolómna«. Es ist – wie »Graf Núlin« – eine Scherzerzählung. Puschkin spielt hier zunächst mit der neuen Versform; er stellt die Oktaven den bisher von ihm bevorzugten vierfüßigen Jamben gegenüber und läßt sie in »Reih und Glied« verstechnisch exerzieren, wobei er den Kontrast zwischen der hohen Form und der niedrigen (komischen) Thematik betont.

Humorvoll-metaphorisch deutet er den Prosaisierungsprozeß der Dichtung an: Pegasus ist alt geworden, der Parnaß mit Brennesseln bewachsen, Apoll im Ruhestand, sein Musenchor kann niemanden mehr inspirieren, die Dichter haben ihr Lager von den klassischen Höhen auf den Trödelmarkt verlegt. Prosaisch-alltäglich ist auch die Muse im »Häuschen von Kolómna« (IX):

> Nun setz dich, Muse, Händchen in die Ärmel
> und Füßchen untern Tisch! Sei still, du Wildfang,
> wir fangen an. – Es war mal eine Witwe . . .

Die provokativ-prosaische Anekdote erzählt, wie die Witwe eines Tages die neue, von ihrer Tochter engagierte junge »Köchin« beim Rasieren ertappt. Am Schluß macht sich Puschkin über die Suche nach einer Moral von der Geschichte lustig; so polemisiert er humorvoll-ironisch gegen seine Kritiker (vor allem Bulgárin), die im siebten Kapitel von »Eugen Onégin« viel prosaisch-Alltägliches und wenig poetisch-Moralisches fanden.

Der Herbst 1830 in Boldinó war der Höhepunkt von Puschkins dichterischem Lebenslauf. In den darauf folgenden Monaten mußte sich der Dichter auf die prosaische Wirklichkeit einstellen: Am 18. Februar 1831 fand seine Hochzeit mit Natalja Gontscharówa statt. Die Vorbereitungen waren für ihn mit materiellen Schwierigkeiten und psychischen Spannungen verbunden; die ersten Ehemonate jedoch – in Moskau und in Zárskoje Seló – verliefen glücklich. Als im Sommer der Zarenhof, von einer Colera-Epidemie bedroht, nach Zárskoje Seló zog, begann freilich für die Puschkins ein unruhiges, aufwendiges, großweltliches Leben. Natalja erregte durch ihre Schönheit Aufsehen, der Zar persönlich interessierte sich für sie. Puschkin fand zur Ausübung seines Dichter-Berufs wenig Zeit, zumal er mehr und mehr seinen historischen Interessen nachging. Der Polen-Aufstand gegen die russische Zarenherrschaft, vor allem aber die moralische Unterstützung der Aufständischen durch Westeuropa, veranlaßten Puschkin zur Bekundung seiner patriotischen Gesinnung, wie z. B. in dem Gedicht »An die Verleumder Rußlands« (1831). Der Zar suchte seinerseits den »Historiker« Puschkin, an den er schon 1826 anläßlich der Tragödie »Borís Godunów« appelliert hatte, für sich zu gewinnen. »Der Zar hat mich in Dienst genommen«, schreibt Puschkin am 3. September 1831 aus Zárskoje Seló an seinen Freund P. W. Naschtschókin in Moskau, »d. h. er gibt mir ein Gehalt und hat mir erlaubt, in Archiven zu stöbern, um die ›Geschichte Peters I.‹ zu verfassen«. Aber die »glänzende Große Welt und die leichtfertige und zerstreute Existenz« ließen weder den Dichter noch den Historiker Puschkin zu konzentrierter Arbeit kommen. Ende Februar 1833 gesteht er Naschtschókin: »Mein Leben in Petersburg ist weder recht noch schlecht. Die Existenzsorgen hindern mich an Langeweile. Aber ich habe keine Muße, kein freies Junggesellenleben, wie der Schriftsteller es braucht. Ich kreise in der Großen Welt, meine Frau ist groß in Mode – all das erfordert Geld, Geld bekomme ich nur durch meine Arbeiten, und die Arbeiten erfordern Einsamkeit.« In einem Briefentwurf vom 30. Juli 1833 schreibt er: »Im Lauf der beiden letzten Jahre habe ich mich ausschließlich mit historischen Forschungen beschäftigt und keine einzige rein literarische Zeile geschrieben ... Außer dem Gehalt, das mir seine Majestät großzügig gewährt, habe ich keine feste Einnahme; doch das Leben in der Hauptstadt ist teuer, und mit dem Wachsen meiner Familie wachsen auch die Ausgaben ...« In diesem Briefentwurf erwähnt Puschkin ein neues literarisches Vorhaben: einen »Roman, dessen Handlung größtenteils in Orenburg und Kasán spielt«. Durch einen Zufall war Puschkins Interesse auf Pugatschów gelenkt worden, den Anführer des Bauernaufstandes der Jahre 1773–75 unter Katarina II. Gleichzeitig begann er nun einen Roman – »Die Hauptmannstochter« – und eine historische Abhandlung – »Die Geschichte Pugatschóws« – zu schreiben. Vom Polizeichef Benckendorff erhielt er die Erlaubnis, nach Orenburg und Kasán zu reisen, um den Schauplatz der Geschichte kennenzulernen und Zeitgenossen der Ereignisse zu treffen. Unterwegs besuchte er – wie überall, wenn sich ihm die Möglichkeit bot – alte Bekannte und Dichter-Freunde.

Im Herbst 1833 kehrte Puschkin auf das total verschuldete Gut Boldinó, das ihm nach seiner Heirat von seinem Vater überlassen worden war, zurück. Hier glückte ihm – drei Jahre nach dem »großen« Herbst – wiederum eine fruchtbare Schaffenszeit. Er schrieb die Verserzählungen »Angelo« und »Der eherne Reiter«, die Prosaerzählung »Pique Dame« und das umfangreiche, autobiographisch-persönliche Gedicht-Fragment »Herbst«.

»Angelo« hat im Manuskript den Untertitel »Erzählung, entnommen aus Shakespeares Tragödie ›Measure for Measure‹«. Die zeitgenössischen russischen Kritiker – auch Belínski – werteten diese Verserzählung sehr negativ: als Zeichen für den Verfall von Puschkins Talent. Die sowjetrussischen Kritiker orientierten sich weitgehend an Belínski. Erst in neuerer Zeit wurde diese Auffassung revidiert[1].

Die Erzählung beginnt mit der Kontrastierung zweier Herrschertypen: Der alte Herzog, der mit seiner herrscherlichen Güte gescheitert ist, da sich in seinem Land, einem italienischen Stadtstaat der Renaissance, das Chaos ausgebreitet hat und »im verwöhnten Volk Gewohnheit sich in Recht verwandelt« hat, beauftragt den »machtkundigen«, asketischen Angelo als seinen Stellvertreter: er soll die Gesetze wieder geltend machen, »Ordnung schaffen« und »schroff und streng« sein. Diesen thematischen Kontrast begleitet unterschwellig der stilistische Kontrast zwischen volkstümlich-balladesker Legendensprache und strengem alexandrinischem Versmaß: Die dramatische Erzählung wird von einem humorvoll-ironischen Grundton getragen. Angelo, dessen strenge Moral außereheliche Liebe als todeswürdiges Verbrechen gewichtet, entdeckt sich selbst als Verbrecher. Unversehens findet er sich in die Nonne Isabela verliebt, die ihn um »Gnade« und »Barmherzigkeit« für ihren Bruder Claudio, den verurteilten Liebesverbrecher, bittet. Claudios Freund, der leichtfertige aber treue Lucio, hat sie zu diesem Liebesdienst für ihren Bruder bewogen, und Claudio selbst sucht sie schließlich zu dem von Angelo geforderten größeren Liebesdienst zu bewegen, wobei er das »liebe Leben« und die »schöne Erde« dem »schrecklichen Tod« und der »kalten Finsternis« des Grabes gegenüberstellt, um das moralische Gewicht des geforderten Liebesdienstes auf sein liebes Leben zu verlagern. Isabela nennt ihren so leiblich-irdisch argumentierenden Bruder ein »seelenloses Geschöpf«, gewährt ihm aber die erbetene Verzeihung. Der gute alte Herzog, der, als Mönch verkleidet, das Gespräch belauscht hat, sorgt durch listigen Betrug für ein märchenhaftes Happy-End, in dem die Menschlichkeit der Menschen triumphiert, so daß – als heimliche Quintessenz der Erzählung – die gute alte Unordnung, das lebensfreundliche Chaos, die gesetzlose Herrschaft von Güte und Barmherzigkeit »legalisiert« ist.

Der humorvoll-ironische Grundton, der alle Figuren und Szenen durchtönt und vermenschlicht, macht »Angelo« zu einem Meisterwerk, dessen Mißachtung in zaristischer und in sowjetischer Zeit (bis zu den kleinen Vorboten von Glasnost und Perestroika) jedenfalls nicht dem Autor anzulasten ist. Puschkin selbst hat, wie sein Freund Naschtschókin berichtet, gesagt: »Unsere Kritiker haben diesem Stück keine Aufmerksamkeit geschenkt, und sie denken, das sei eines meiner schwachen Werke, während ich nichts Besseres geschrieben habe.«

Im Gegensatz zu »Angelo« hat Puschkins »Eherner Reiter« eine geradezu ungeheuere Rezeptions- und Interpretationsgeschichte hinter sich[2]. Nur ein geringer Teil dieser Literatur verdankt sich der Tatsache, daß Puschkins Zensor, Nikolaus I., die Veröffentlichung der »Petersburger Erzählung« (Untertitel) zu Puschkins Lebzeiten nicht gestattet hat.

In seinem kurzen Vorwort macht Puschkin darauf aufmerksam, daß »das Ereignis, das in dieser Erzählung beschrieben wird, auf Wahrheit beruht«. Es handelt sich um die Überschwemmung von Petersburg im November 1824.

Die ausführliche Einleitung – im selben Versmaß wie die Erzählung selbst geschrieben: in vierfüßigen Jamben – deutet erst am Schluß das schreckliche Naturereignis an. Im ganzen ist sie eine begeisterte Ode auf Peters Werk und eine persönliche Liebeserklärung des Dichters an Petersburg. Noch kurz bevor Puschkin seinen Freunden die »traurige Erzählung« ankündigt, beschwört er die geliebte Stadt, sie möge sich in ihrer Pracht und Schönheit zeigen und »unerschütterlich, wie Rußland, fortbestehen«.

Zweifellos ist Puschkin sowohl durch seine eigenen historischen Studien zur Geschichte Peters I. als auch durch die zeitgenössische Debatte über die künftige westliche oder östliche Orientierung Rußlands zu seiner Verserzählung angeregt worden. Die Öffnung Rußlands nach Westeuropa, die Peter I. veranlaßt hatte, und die Konsequenzen dieser Öffnung für die russische Geschichte und Kultur war um 1830 zentrales Thema der russischen Intelligenz und zehn Jahre später wesentlicher Faktor ihrer Spaltung in »Westler« und »Slawophile«. Puschkin sah sich durch seine Freunde – insbesondere durch den radikalen Skeptiker P. Tschaadájew und den polnischen Dichter A. Mickiéwicz – zur Stellungnahme aufgefordert[3]. Puschkins »Historismus« und »historischer Realismus«, der von sowjetrussischen Literaturwissenschaftlern so nachdrücklich hervorgehoben und gerühmt wird[4], erwuchs aus der realen existentiellen Kommunikationsgemeinschaft, in der sich der Dichter befand. Wie schon in den früheren historischen Dichtungen Puschkins (»Borís Godunów«, »Poltáwa«), so ist auch im »Ehernen Reiter« die fundamentale Thematik existentiell-realistisch und nicht historisch-realistisch. Die Rezeptions- und Interpretationsgeschichte des »Ehernen Reiter« zeigt jedoch, daß sich die Leser, ihrem eigenen geschichtlichen Seinsverständnis bzw. ihrer Ideologie gemäß, auf den »Historiker« Puschkin bezogen haben: Sie suchten dem Werk eine historisch-politische Entscheidung abzulesen: für oder gegen Peter den Großen als Repräsentanten der Staatsmacht und zugleich für oder gegen Eugen als Repräsentanten des einzelnen »kleinen« Staatsbürgers. Biographisch läßt sich freilich die eine wie die andere Entscheidung als die »richtige«, puschkinsche rechtfertigen; entspricht doch der Kontrast zwischen der einleitenden patriotischen »Ode auf Petersburg« und der darauf folgenden »traurigen Erzählung« vom »armen« Eugen offensichtlich dem Widerspruch, in dem sich Puschkin selbst als Patriot, als Untertan und als Rebell befand. Aber das fundamentale Thema des »Ehernen Reiters« ist sicher nicht so unmittelbar mit der widersprüchlichen politischen Situation des Dichters und mit der historisch-politischen Alternative verbunden.

In der »traurigen Erzählung« ist allein der »arme« Eugen der thematische Held. Für ihn ist Peter I. nicht der historische Zar und Staatsmann, sondern der »eherne Reiter«, eine dämonische Alptraumgestalt, die er in dem realen (von Falconet geschaffenen) Denkmal entdeckt: »abgewandt, in unerschütterlicher Höhe, ein Götze auf ehernem Roß«. Diesen enthistorisierten Peter identifiziert Eugen, wahnsinnig geworden durch sein Unglück, der Welt und seinem eigentlichen menschlichen Selbst entfremdet (»nicht Tier, nicht Mensch, nicht lebendiger Erdenbürger, nicht totes Gespenst«), als den Verursacher seines persönlichen Schicksals. Freilich distanziert sich der Erzähler von seinem »armen«, »wahnsinnigen« Eugen: Er selbst sieht in dem Denkmal den mächtigen Staatsmann, der »Rußland mit eisernem Zügel emporgehoben« hat. Aber um so nachdrücklicher charakterisiert er Eugen in seinem Wahnsinn, in seiner Selbstverabsolutierung und Selbstentfremdung. Dieser Eugen repräsentiert niemanden: Nicht als Repräsentant des »kleinen Mannes« steht er dem ungeheueren »Götzen« gegenüber, sondern als selbstentfremdetes, verabsolutiertes Individuum. Ausdrücklich betont der Erzähler die Isolation seines Helden; ausführlich schildert er, wie die Bewohner der Stadt – im Gegensatz zu Eugen – am Tag nach der Überschwemmung in ihre »frühere Ordnung« zurückgekehrt sind; und in Übereinstimmung damit zeigt er Eugens Rebellion gegen den »Götzen« nicht als bewußte, gesellschaftlich gerechte Empörung des Opfers gegen die überwältigende, unterdrückende politische Macht, sondern als rachsüchtigen Zornausbruch eines Individuums, das von einer »schwarzen (magischen) Kraft« ergriffen ist. In seinem wahnsinnigen Zorn projiziert Eugen seine Rachsucht in seinen Alptraum-Gegner und verfällt in Verfolgungswahn.

Wahnsinn, Selbstentfremdung, Verlust des Maßes, der Orientierung, der existentiellen »menschlichen« Identität – dies ist das Thema der »traurigen Erzählung«. Es ist ein fundamentales Thema des reifen Puschkin, ein Thema, das in vielen seiner Werke zur

Geltung kommt: in »Eugen Onégin«, in den »kleinen Tragödien«, in »Angelo«, in »Pique Dame«, in zahlreichen Gedichten wie z. B. »Gott schütze vor dem Wahnsinn mich . . .« (1833).

Unter Berücksichtigung von Puschkins existentieller und dichterischer Identität, im Hinblick auf Puschkins kontinuierlich thematisierte Sorge um deren Bewahrung, scheint der Autor des »Ehernen Reiter« nicht so ideologisch fixierbar, wie ihn die rezeptionsgeschichtliche politisch-historische Kontroverse hinstellt: Die »Staatskonzeption«, die sich vor allem auf die »Einleitung« bezieht, macht Puschkin zum Befürworter Peters I., des Repräsentanten der Staatsmacht, der seinerseits mit Recht das Allgemeinwohl gegen das einzelne Individuum, repräsentiert durch Eugen, in Schutz nimmt; die »humanistische Konzeption«, die sich auf die »traurige Erzählung« bezieht, ideologisiert dagegen Puschkin zum Anwalt des »armen« Eugen, des Repräsentanten der »kleinen Leute«, der dem despotischen Herrscher mutig entgegentritt; die »Konzeption der tragischen Unaufgelöstheit« dieses Konflikts begreift Puschkin schließlich als den überlegenen Autor, der die Tragik des Konflikts thematisiert, aber die Entscheidung dem Leser überläßt[5].

Im Hinblick auf Puschkins existentielle und dichterische Identität bietet sich jedoch der Konflikt zwischen Peter und Eugen genauso wenig als fundamentales Puschkin-Thema an wie z. B. der Konflikt zwischen Mozart und Salieri oder zwischen dem milden Herzog und dem scharfen Angelo. Puschkin thematisiert und problematisiert vielmehr das Seins- und Selbstverständnis, die existentielle Identität seiner Helden.

So liest sich die »Einleitung« zum »Ehernen Reiter« nicht als eigenständige »Ode auf Peter«, sondern als historische Einführung in die existentielle Thematik der »traurigen Erzählung«. Der einführende Autor präsentiert die bewunderte und geliebte Peters-Stadt als die reale geschichtliche Sphäre, die in ihrer Schönheit und Ordnung mit dem düsteren, chaotischen Schauplatz des unglücklichen Lebens Eugens kontrastiert. Die kontrastierende Schilderung von Petersburg entspricht der thematischen Konzentration der Erzählung auf den orientierungslos in der Stadt umherirrenden Helden, den der Verlust seines persönlichen Glücks ad absurdum führt: zum Verlust seiner existentiellen Identität. Am Schluß zeigt der Autor seinen »armen Wahnsinnigen« als »kalten Leichnam«, den »man Gott zuliebe begrub«.

So wenig wie der eherne Reiter der historische Zar Peter I. ist, so wenig ist Eugen der »kleine Staatsbürger«. Das Mitleid des Autors gilt nicht dem Typ des sozial Unterdrückten, sondern der armen, auf das persönliche Glück beschränkten, mit dem Verlust des Glücks sich selbst verlierenden Existenz. Eben diesem Mitleid entspricht der leicht ironische Unterton, der im ersten Teil der »traurigen Erzählung« die Schilderung von Eugens Lebensart und seinem märchenhaft-naiven Glückstraum begleitet.

Die Märchenhaftigkeit des glücklich träumenden Eugen kommt nicht von ungefähr in die »traurige Erzählung«: Puschkin arbeitete in demselben Herbst 1833, als er »Angelo« und den »Ehernen Reiter« schrieb, an der Versifizierung einiger der russischen Volksmärchen, die er im Dezember 1826 auf dem Gut Michâilowskoje von seiner geliebten Njanja, seiner »einzigen Freudin«, gehört hatte. In Versmärchen verwandelte er das »Märchen vom Zaren Saltán . . .«, das »Märchen von der toten Zarentochter . . .« und das Märchen der Brüder Grimm »Vom Fischer und seiner Frau«. War er als Historiker auf den »wirklichen« Spuren von Peter I. und Pugatschów, so war er als Dichter – vielleicht um so mehr – auf den existentiell tiefer gehenden Spuren der Volkspoesie. Mit märchenhaften Zügen versah er seine Vers- und Prosa-Erzählungen – den »Ehernen Reiter«, »Angelo«, »Pique Dame« – und das Dramen-Fragment »Die Nixe« (1826–32), in dem der »arme« Müller – analog zum »armen« Eugen – nach dem Verlust seines fragwürdigen persönlichen Glücks wahnsinnig wird, d. h. als Unglücks-»Rabe« seine menschliche Identität verliert. »Seines Geistes beraubt, wird der Mensch zum Nicht-Menschen«, sagt hier der reumütige Fürst, der seinerseits seiner fragwürdigen Existenz zuliebe das Unglück des Müllers und der Müllerstochter, der »Nixe« verschuldet hat. Die »traurige Erzählung« vom armen Eugen hat mit dem Märchendrama vom armen Müller und von der armen Nixe wohl mehr zu tun als mit der »Geschichte Peters« und der »Geschichte Pugatschóws«. Noch ein Jahr später, 1834, bezeugte Puschkin mit dem Versmärchen »Vom goldenen Hahn« seine dichterische Verbundenheit mit der folkloristischen Tradition[6].

Die späteren Prosawerke; die letzten Lebensjahre

Der Herbst 1833 in Boldinó brachte für Puschkin – mit dem »Ehernen Reiter«, »Angelo«, »Pique Dame« – eine Unterbrechung seiner Arbeit an dem Roman »Die Hauptmannstochter«. Schon ein Jahr zuvor hatte er sich dabei unterbrechen lassen: Angeregt durch Naschtschókin, hatte er sich für ein neues literarisches Projekt interessiert, einen Roman, der später, Fragment geblieben, als Titel den Namen des Helden »Dubrówski« erhielt. Zum Roman drängte der »Zeitgeist«.

Die Gattung des Romans, die in den zwanziger Jahren des 19. Jh. im europäischen Kulturkreis durch Walter Scotts historische Romane die Neugier aufs Befremdliche angesprochen hatte und zu neuem Ansehen gelangt war, gewann um 1830, als die »unheimliche« (revolutionäre) zeitgenössische gesellschaftliche Wirklichkeit in das romantische Interesse einbezogen wurde, durch Victor Hugo, Stendhal, Balzac, George Sand eine neue breite Leserschicht. In Rußland wurde die Literatur durch die Romane von Sagóskin, Lashétschnikow, Bulgárin popularisiert. In Zagóskins Roman »Roslawljów« (1831) fand Puschkin die Helden seines »Eugen Onégin« zitiert und sowohl romantisch als auch historisch-realistisch banalisiert. Er reagierte darauf mit einem eigenen »Roslawljów«-Versuch, den er jedoch bald aufgab. Aber der zeitgemäße Antrieb, einen Roman zu schreiben, war in ihm stärker als die persönliche Erfahrung vergeblichen Bemühens.
Als Autor von »Dubrówski« verknüpft Puschkin den Titelhelden, der teils aus der zeitgenössischen russischen Wirklichkeit, teils aus der literaturgeschichtlichen Tradition des »edlen Räubers« stammt, mit zwei verschiedenen Themen: einerseits mit einer romantischen Liebesgeschichte und andererseits mit dem sozial-realistischen Gegensatz zwischen dem armen, enteigneten und dem reichen, mächtigen Gutsbesitzer sowie zwischen Gutsbesitzern, Leibeigenen und Verwaltungsbeamten. In der Gestalt Dubrówskis, des selbstbewußten Individuums, das seine Zugehörigkeit zum Adel aufgibt und sich mit seinen Leibeigenen zusammentut, um als Räuber-Rebell zu seinem Recht zu kommen, sind die beiden

Themen sozusagen biographisch-zufällig vereint. Die spezifisch puschkinsche, existentiell-realistische Thematik fehlt in dem vorliegenden Text, den Puschkin unvollendet liegen ließ[1].

Außer in den Roman-Fragmenten »Der Mohr Peters des Großen« und »Dubrówski« bewahrt Puschkin in seinen Erzählwerken immer eine gewisse methodische Distanz gegenüber der jeweils erzählten prosaischen, geschichtlich-gesellschaftlichen Wirklichkeit, indem er jeweils eine dichterische Erzählposition einnimmt, sei es die eines »Versemachers«, sei es die einer Erzählerfigur (Bélkins und seiner Gewährsleute). Erst mit »Pique Dame« vollendet er eine Erzählung, in der sich der Autor weder poetisch artikuliert noch hinter einer Erzählerfigur versteckt, sondern sich ganz auf die unvermittelte, auktoriale Funktion des Erzählers einläßt[2]. Freilich geht es in dieser Erzählung nicht wie im »Mohren Peters des Großen« und in »Dubrówski« um die erzählte Wirklichkeit selbst, um die Lebensgeschichte des Helden, sondern wie in den anderen Vers- und Prosa-Werken des reifen Puschkin um die fragwürdige Existenz und das fragwürdige Existenzverständnis des Helden.

Hermann, der Held von »Pique Dame«, wird zunächst im Kreis der leichtfertigen jungen Spieler als engagierter Nicht-Mitspieler gezeigt. Er selbst gesteht sein Interesse am Spiel und erklärt seine Enthaltsamkeit mit seiner Lebensregel: »Ich bin nicht in der Lage, das Notwendige zu opfern, in der Hoffnung, Überflüssiges zu gewinnen.«

Der junge Tómski charakterisiert ihn als einen typischen »Deutschen«, der »rechnet«, und kontrastiert ihn unversehens in seiner geheimnisvollen Anekdote mit dem großzügigen französischen Scharlatan St. Germain, dem hilfreichen Spielberater einer jungen, russischen Gräfin, seiner Großmutter. Über den Anekdoten-Erzähler Tómski hinweg gibt der Autor dem Leser nachträglich den Sinn des Kontrastes zwischen dem unseligen Ingenieur Hermann (russisch: Germann) und dem Scharlatan St. Germain zu verstehen: St. Germain verrät der Gräfin, der Großmutter Tómskis, das Geheimnis der drei sicheren Gewinnkarten, um sie aus der peinlichen Lage einer Schuldnerin zu befreien, ohne sie zu seiner eigenen Schuldnerin zu machen; Hermann hingegen sucht von der Gräfin dieses Geheimnis zu erpressen, um sich selbst zu verwirklichen.

In der Interpretationsgeschichte zu »Pique-Dame« ist dieser existentiell-realistische Kontrast durch einen beiläufigen sozialrealistischen verdeckt worden: Der »arme« Ingenieur, der »Nicht-Aristokrat« Hermann, der sich das Glücksspiel angeblich nicht leisten kann, steht den reichen, leichtfertigen Aristokraten-Spielern gegenüber. Dieser soziologischen Kontrastierung scheint die psychologische zu entsprechen: Hermann selbst scheint gespalten in berechnende Ratio und Spielerseele[3].

In Puschkins Erzählung ist jedoch weder der soziologische noch der psychologische Aspekt thematisch zur Geltung gebracht: Wenn es dem Autor darauf angekommen wäre, einen armen, ungesicherten Bürger mit wohlhabenden, selbstsicheren Aristokraten zu konfrontieren, dann hätte er Hermann auf seinem ärmlichen Gehalt sitzen lassen müssen und ihm nicht ein »kleines Kapital« (von immerhin mindestens 47 000) als Erbe mitgeben dürfen; auch hätte er dann nicht betonen dürfen, daß Hermann, »fest überzeugt von der Notwendigkeit, seine Unabhängigkeit zu sichern, nicht einmal die Zinsen anrührte«; und er hätte schließlich Hermanns Streben nach »Ruhe und Unabhängigkeit« nicht mit dem Wunsch verbinden dürfen, das Kapital mit Hilfe der »drei sicheren Karten« – »Berechnung, Maßhalten und Fleiß« – »zu verdreifachen, zu versiebenfachen«. Gerade diese soziologische und psychologische Konkretisierung von Hermanns »Lage« verlagert das Leserinteresse von der sozialen und psychischen Bedingtheit Hermanns auf dessen Selbst- und Seinsverständnis: Hermanns Überzeugung, er müsse sich durch die vielfache Vermehrung seines Kapitals seine Unabhängigkeit sichern, scheint fragwürdig.

Weder Saint-Germain noch Hermann eignen sich als Repräsentanten gesellschaftlicher Mächte oder psychischer Typen. Beide sind in ihrem Kontrast als a-soziale und a-typische Individuen ihrer Gesellschafts-Schicht und -Epoche hervorgehoben. Die Erzählung thematisiert – soziologisch und psychologisch konkretisierend – Hermanns eigenartige, aus Gier und Ratio gemischte, zielstrebige Besessenheit.

Der Autor zitiert ausdrücklich seinerseits Hermanns Lebensregel, und zwar genau an der Stelle, wo er Hermanns materielle Lage und seine Sparsamkeit hervorhebt. Er erwähnt hier das »kleine Kapital«, die Zinsen, das Gehalt (das zum Lebensunterhalt reicht), und so läßt er das Notwendige, das Hermann – »wie er zu sagen pflegte« – nicht zu opfern imstande ist, als fragwürdig erscheinen: Ist dies »Notwendige« für Hermann vielleicht ähnlich »notwendig« wie jene »Sicherung seiner Unabhängigkeit«, die er durch die »Verdreifachung, Versiebenfachung« seines Kapitals, und das heißt doch wohl durch den Gewinn von Überfluß, erreichen will?

Die Fragwürdigkeit dessen, was für Hermann eigentlich notwendig ist, verstärkt sich im Verlauf der Erzählung: Hermann gelangt in Gedanken an seine »drei sicheren Karten« – »Berechnung, Maßhalten, Fleiß« –, die ihm gewissermaßen Überfluß und damit »Ruhe und Unabhängigkeit« verschaffen sollen, geradewegs dorthin, wo sich ihm der Überfluß zu bieten scheint, der ganz gewiß Berechnung, Maßhalten und Fleiß überflüssig macht: zum Haus der Gräfin, die über die »drei sicheren Karten« verfügen soll.

Nachts träumt ihm bereits von »unaufhörlichem Gewinn«, und beim Aufwachen tut es ihm leid um den »Verlust seines phantastischen Reichtums«. Zwei der drei geheimnisvollen Karten, die ihm etwa drei Wochen später die tote Gräfin im Traum offenbart, nämlich die mythische Drei und die mythische Sieben, stehen in unmittelbarem Zusammenhang mit seinem materialistischen Wunsch nach »Verdreifachung, Versiebenfachung« seines Kapitals[4].

So mischt sich in Hermanns Begriff des Notwendigen das Überflüssige, das er im Grunde begehrt. Der Autor zeigt ausdrücklich seinen gierigen Helden, der mitternachts im Haus der Gräfin das Überfluß-spendende Geheimnis zu erfahren trachtet, als einen »Menschen, der sich zu etwas Gefährlichem, aber Notwendigem entschlossen hat«.

Tómskis widersprüchliche Charakterisierung Hermanns – zunächst »Hermann ist ein Deutscher: er ist berechnend« und später »Dieser Hermann ist echt romantisch« (bzw. »ein richtiger Romanheld«) – markiert einerseits Hermanns Entwicklung im Verlauf der Geschichte, seine Wendung zum Irrationalen, andererseits aber auch die konstanten Extreme in Hermanns Wesen: Hermann bleibt berechnend, auch auf der Suche nach den geheimnisvollen Karten, und sogar noch in ihrem Besitz. Obwohl Tómskis Worte über den romantischen Hermann nur als »Mazurkageplauder« gelten sollen, sind sie in ihrer personen- und situations-bedingten Bedeutung doch nicht nur für die arme Lisa bedeutsam, die sich mit ihnen beschäftigt. Die Kombination von »Napoleon-Profil« und »Mephisto-Seele« – wie Tómski sie an Hermann wahrnimmt – fungiert jedenfalls über Lisas point of view hinaus als eine Metapher für die zwiespältig-einträchtige Persönlichkeit des Helden, der mit Hilfe seiner Ratio in der Wirklichkeit das Macht-Spiel treibt, zu dem seine Gier und sein abergläubisches Unterbewußtsein ihn drängt.

Als zwiespältig-einträchtige Persönlichkeit spaltet sich Hermann nicht: Existentiell koordiniert er seine Ratio und sein Unterbewußtsein, indem er konsequent seine »drei sicheren Karten« einsetzt, um die mehr versprechenden geheimnisvollen Karten zu gewinnen und mit ihnen schneller an das Ziel zu gelangen, das seine Ratio ihm mit den Begriffen »Ruhe und Unabhängigkeit« präsentiert, während es in seinem Unterbewußtsein als »phantastischer Reichtum« zum Vorschein kommt.

Von Tómskis Anekdote angeregt, befindet sich Hermann nur einen erzählten Augenblick lang im Widerspruch zwischen seiner Ratio und seiner Neigung; ehe er sich's versieht, hat er, was er als »Märchen« abtun wollte, schon als Realität akzeptiert, jedoch ohne das unglückliche Ende der tomskischen Spielergeschichte – Tschaplízkis Tod im Elend – zu berücksichtigen. Unversehens ist er schon auf dem Weg zur Gräfin, sind seine Gedanken schon in Übereinstimmung mit seinem Wunschtraum. »Berechnung, Maßhalten, Fleiß« gelten ihm nicht als allgemeingültige (quasi-klassische) Lebensprinzipien, sondern als seine persönlichen Maximen, eben als »seine sicheren« Spielkarten, die er einsetzen kann, wo er will.

Zunächst setzt er sie ein bei seinem (quasi-romantischen) Liebesspiel mit Lisa: Seine »leidenschaftlichen Briefe« sind durch und durch berechnet, erst etwas ungeschickt: »Wort für Wort aus einem deutschen Roman genommen«, dann exakt: »mit der ihm eigenen Sprache geschrieben«; in seinem Verhältnis zu Lisa bleibt er, wie sein Verhalten in der »Schicksalsnacht« zeigt, zurückhaltend-maßvoll: »Hermann drückte ihre kalte, gefühllose Hand, küßte sie auf den gebeugten Kopf und ging hinaus«; zugleich scheut er in dieser ganzen dreiwöchigen Liebesgeschichte – planend, wartend, schreibend – keine Mühe.

Gerade weil er seine »drei sicheren Karten« einsetzt, gelingt es ihm also, seine Leidenschaft für Geld als Leidenschaft für Lisa zu fingieren: Er benutzt die »Abhängigkeit« der »armen Pflegetochter«, die »ungeduldig auf ihren Befreier wartet«, als Mittel zur Erringung seiner eigenen »Unabhängigkeit«. Der Autor betont ausdrücklich den Kontrast zwischen der möglichen und der wirklichen Beziehung seiner Helden zueinander: Lisa sieht Hermanns »schwarze Augen funkeln« und seine »blassen Wangen erröten«, Hermann bemerkt Lisas »frisches Gesichtchen« und ihre »schwarzen Augen«, und noch am Ende des zweiten Kapitels läßt der Autor seinem (zeitgenössischen) Leser die Möglichkeit, auf Hermanns Einkehr in eine gewöhnliche (»romantische«) Liebesgeschichte zu hoffen: »Dieser Anblick entschied sein Schicksal.« Um so enttäuschender ist die Wirklichkeit: Für Hermann ist die »Liebe« nur das rascheste Vehikel zu seinem Ziel. Deshalb erscheint er schließlich, im vierten Kapitel, den »gewöhnlichen« Menschen – Tómski und Lisa und mit ihnen augenblicksweise auch dem Autor – als ein ungewöhnliches, romanhaft-romantisches Individuum, als Repräsentant des Napoleon-Typs.

Gierig berechnend verhält sich Hermann (in der »Schicksalsnacht«) auch der alten Gräfin gegenüber: Er fingiert seine flehende Bitte und seine Beschwörung als einen Einsatz, bei dem es für ihn um das Notwendige, um sein Leben geht, während in Wahrheit nur der Überfluß für ihn auf dem Spiel steht. Durch und durch berechnend ist seine Bitte unter Berufung auf Liebe und Menschlichkeit, die er selber gar nicht im Sinn hat; berechnend ist seine Beschwörung sowohl bei allem Heiligen, an das er nicht glaubt, als auch beim Teufel, den er der Gräfin abnehmen möchte; berechnend ist schließlich auch seine Drohung mit der Pistole, die nicht geladen ist. Und dieser durch und durch berechnete Einsatz ist zugleich mühevoll und maßvoll: beharrlich gesteigert bis zu der Drohung mit dem Tod, der doch gar nicht gewollt ist.

Der Tod der Gräfin, die tatsächliche Folge von Hermanns Einsatz seiner »drei sicheren Karten« zur Befriedigung seiner Gier, ist also gerade das, was Hermann nicht berechnet hat: »Ich wollte nicht ihren Tod«, sagt Hermann nachher zu Lisa.

Diese nicht berechnete Konsequenz macht ihn aber nicht gegen seine berechnende Ratio mißtrauisch, sondern gegen die Realität, auf die er gerechnet hat: gegen die reale Gräfin, die sich durch ihren Tod seiner Rechnung entzogen hat: »Ohne Reue zu fühlen«, aber doch mit einer Spur von schlechtem Gewissen (»du bist der Mörder der Alten«), glaubt er, »die tote Gräfin könnte einen schädlichen Einfluß auf sein Leben haben«, und er beschließt, »an ihrer Beerdigung teilzunehmen, um sie um Verzeihung zu bitten«. Aber auch mit der toten Gräfin geht seine Rechnung nicht auf: Am Sarg scheint es ihm, als blicke die Tote ihn spöttisch an, und er weicht vor ihr zurück und fällt in Ohnmacht. Die Gräfin, die er – gewissermaßen »napoleonisch« (mit der Pistole) und »mephistophelisch« (durch Eintritt in ihren Teufelspakt) – sich untertan machen wollte, hat sich seiner bemächtigt. Sie beherrscht seine »Phantasie«, sein Unterbewußtsein: Sie erscheint ihm quasi realiter, durchaus nicht märchenhaft-hexenartig, als die Wunschtraumgestalt, die sich gegen ihren Willen ihm fügt: »Ich bin gegen meinen Willen gekommen . . ., aber mir ist aufgetragen, deine Bitte zu erfüllen.« »Mit fester Stimme« und einfachen, umgangssprachlichen Worten offenbart sie ihm die Überfluß-spendenden Geheimkarten und die damit verbundene Spielregel. Auch verzeiht sie ihm ihren Tod, und die einzige Bedingung, die sie daran knüpft – er solle Lisa heiraten – entspricht dem spärlichen, pervertierten Rest seines Gewissens. Bei seiner Täuschung von Lisa (in der »Schicksalsnacht«) und nach dem Tod der Gräfin hat er sein Gewissen verdrängt, nun macht es sich in seinem Unterbewußtsein als lästiges Überbleibsel seiner Menschlichkeit geltend: leicht zu vergessen.

Nach seinem Traum kann »Hermann lange nicht zu sich kommen«. Er sucht sich in der Realität zurecht zu finden, aber ihn interessiert nur noch sein Traum: »Hermann kehrte in sein Zimmer zurück, zündete eine Kerze an und schrieb seine Vision auf.«

So macht sich Hermann, der mit seiner Ratio nach Unabhängigkeit gestrebt hat, abhängig von seinem Traum und damit von der Gräfin, der Beherrscherin seines Unterbewußtseins. Hat er bisher – im zweiten Kapitel als Liebender, im dritten als Erpresser, im vierten als Enttäuschter – seine Phantasie der Wirklichkeit bzw. seiner märchenhaften Vorstellung von der Wirklichkeit angepaßt, so paßt er nun, im fünften und sechsten Kapitel, umgekehrt, die Wirklichkeit seiner Phantasie an. Statt der Realität und statt der realen toten Gräfin hat er nur noch seinen okkulten Wunschtraum im Sinn: »Die Drei, die Sieben, das As – sie verdeckten in Hermanns Bewußtsein bald das Bild der toten Alten. Die Drei, die Sieben, das As – sie gingen ihm nicht aus dem Kopf und schwebten ihm ständig auf den Lippen.« Er vergewaltigt die Wirklichkeit gemäß seiner gierigen Vision, er stellt sich Personen, Dinge, Geschehnisse als seine sicheren Spielkarten vor: als Drei, Sieben, As. Und die Wirklichkeit scheint sich ihm zu fügen: Ein »Zufall« erlaubt ihm, sein Macht-Spiel zu treiben.

Sein Gegenspieler ist ein typischer Spieler seiner Zeit: Er hat »sein ganzes Leben mit Kartenspiel zugebracht« und sich durch jahrelange Routine das Vertrauen der reichen Spieler-Gesellschaft erworben. Gegen ihn setzt Hermann auf die erste Karte, die Drei, sein ganzes geerbtes Vermögen – obwohl er der alten Gräfin in der »Schicksalsnacht« ausdrücklich versichert hat: »Einem Verschwender werden Ihre drei Karten nicht helfen. Wer sein väterliches Erbe nicht zu wahren weiß, der wird in Armut sterben, ungeachtet aller dämonischer Anstrengungen. Ich bin kein Verschwender . . .« Für den neutralen Beobachter Narúmow ist Hermann schon bei seinem ersten Einsatz »wahnsinnig geworden«. Auf die zweite Karte, die Sieben, setzt Hermann wiederum »seine ganzen siebenundvierzigtausend« und obendrein noch seinen »gestrigen Gewinn«. Das Spiel um die dritte Karte gleicht schließlich einem »Zweikampf«: Auf der einen Seite der gesellschaftlich-routinierte Spieler, auf der anderen der gewinn- und machtsüchtige Hermann, der nur spielt, wenn er nichts zu riskieren meint und der nun alles auf das As setzt, das die Macht über die Wirklichkeit bedeutet.

Es ist nicht die Wirklichkeit, die Hermanns Macht-Spiel zunichte macht; nicht Hermanns routinierter Gegenspieler gewinnt die Partie, sondern Hermann selbst verliert sie, indem er – scheinbar aus Versehen – die falsche Karte, die Pique Dame zieht. Die alte Gräfin, die er als Spielkarte in seinem Macht-Spiel benutzt und verspielt und dann aus seinem Bewußtsein verdrängt hat, erscheint ihm in Gestalt der Pique Dame als Ursache seines Versehens, und sein Gegenspieler bestätigt es auf seine Weise: »Ihre Dame ist geschlagen/umgebracht.« Aber es ist nicht – wie das Motto der Erzählung ironisch vorgibt – die »heimliche Mißgunst« der Pique Dame, die das unglückliche Ende von Hermann herbeiführt; vielmehr ist er es selbst, indem er, gierig sein Spiel verabsolutierend, sich seinem eigentlichen Selbst, seinem Gewissen entfremdet hat. Das bedeutet ihm die Pique Dame, die er »aus Versehen« zieht. In seiner Selbstentfremdung, seinem Wahnsinn, bekundet er seine Identität mit seiner »Spielerseele«: Die Wirklichkeit besteht für ihn nur noch aus einem Kartenspiel – vom möglichen Gewinn (Drei, Sieben, As) bis zum faktischen Verlust (Drei, Sieben, Dame).

Dem Leser überläßt es der ironische Autor, die märchenhafte Tatsache zu deuten, daß die von der Traum-Gräfin genannten Karten (Drei, Sieben, As) in der erzählten Wirklichkeit die wahren Gewinnkarten sind, die dem unseligen Hermann den Sieg beschert hätten. So sieht sich der Leser auf die Probe gestellt, ob er in seiner Wirklichkeit nicht auch mit diesen Karten sein Glück versuchen möchte, um in »Überfluß« zu »Ruhe und Unabhängigkeit« zu kommen – und unversehens dem Wahnsinn oder der gesellschaftlichen Banalität zu verfallen.

Tatsächlich läßt der ironische Autor die gesellschaftliche Banalität siegen: Wie der glückliche Spielgegner von Hermann nach seinem Gewinn »aufs Neue die Karten mischte«, worauf »das Spiel seinen Lauf nahm«, so setzen Lisa und Tómski das gewöhnliche gesellschaftliche Leben, das Leben der abgelebten Gräfin fort.

Und so hat der »böse«, mephistophelische Hermann für die Gesellschaft, die er für sich ausnutzen wollte, das »Gute« geschafft.

»Pique Dame« ist ein Meisterwerk des puschkinschen existentiellen Realismus, des thematischen und methodischen Prinzips, das maßgeblich ist für die dichterische Identität, die in »Eugen Onégin«, in den »Erzählungen Bélkins«, in den »kleinen Tragödien«, im »Ehernen Reiter«, in »Angelo«, in Gedichten, als »der Puschkin« zum Vorschein kommt.

Schon bald nach ihrem Erscheinen war die »Pique Dame« – wie Puschkin am 7. April 1834 notierte – »groß in Mode«; »die Spieler setzen auf die Drei, die Sieben, das As.« Die Beliebtheit der Erzählung zeigt sich auch in der umfangreichen und ergiebigen Interpretationsgeschichte. Immer neue Details wurden als Elemente eines immer komplexer erscheinenden Sinnzusammenhanges entdeckt und in Beziehung zur persönlichen Lebenswelt des Dichters sowie zur europäischen »Weltliteratur« gebracht[5]. Alle diese verschiedenartigen, teils realistisch, teils literarhistorisch, teils folkloristisch orientierten Werkteilchen bilden gewissermaßen die Zwischentöne, die Puschkin, mit seinen Leserfreunden kommunizierend, sozusagen augenzwinkernd, in die zentrale, existentiell-realistische Thematik und klassisch-humanistische Botschaft seines Werks integriert hat.

»Pique Dame« gehört zwar mit dem »Ehernen Reiter«, »Angelo« und der fragmentarischen Erzählung »Ägyptische Nächte« zu den Werken, für die Puschkin seine Arbeit an dem Roman »Die Hauptmannstochter« unterbrochen hat; aber es war wohl vor allem die innere Unruhe, die den Dichter an der kontinuierlichen Roman-Arbeit hinderte. Ihn bedrückten familiäre Sorgen (um seine Frau, seine Kinder, die Schwestern seiner Frau), Schwierigkeiten mit der Zensur, Schulden; ihn kränkte der gesellschaftliche Status, in den der Zar ihn versetzt hatte. Eine Tagebuchnotiz vom 1. Januar 1834 lautet: »Vorgestern bin ich zum Kammerjunker ernannt worden (was meinem Alter ziemlich unangemessen ist). Aber dem Hof beliebt es, daß Natalja im Anitschkow-Palast tanzt.« Immer stärker bedrängte ihn die Sehnsucht nach Ruhe und Muße: »Spucken auf Petersburg, den Abschied einreichen, auf und davon nach Boldinó, als Gutsherr leben! Schlimm ist die Abhängigkeit . . .« Die politischen und gesellschaftlichen Verhältnisse ekelten ihn an: »Was für eine tiefe Unmoral ist in den Gewohnheiten unserer Regierung! Die Polizei öffnet die Briefe an die Ehefrau und gibt sie dem Zaren zu lesen . . . und der Zar schämt sich nicht, das zuzugeben – und eine Intrige in Gang zu setzen, die eines Vidocq oder Bulgárin würdig ist! Du kannst sagen, was du willst, es ist schon sonderbar, Untertan eines Selbstherrschers zu sein.« Dieser Stimmung entspricht das Gedicht mit den Anfangsversen

S'ist Zeit, mein Schatz, s'ist Zeit! Das Herz verlangt nach Ruhe –
die Tage fliehn dahin, es nimmt uns jede Stunde
ein Teilchen unsres Seins; uns bleibt ein Angebot:
Laß uns zusammen leben ... Sieh, plötzlich kommt der Tod.
Nein, Glück – das gibt es nicht; es gibt nur Ruhe, Freiheit ...

Im Manuskript steht in Prosa der Plan einer Fortsetzung des Gedichts: »Die Jugend hat keinen Bedarf an ›at home‹, das reifere Alter fürchtet seine Einsamkeit. Wohl dem, der eine Freundin findet – er sollte nach Hause fliehen. O, ob ich wohl bald meine Penaten aufs Land bringen kann – Felder, Garten, Bauern, Bücher; dichterische Arbeit – Familie, Liebe etc. – Religion, Tod.«

Den Herbst 1834 verbrachte Puschkin wiederum in Boldinó, aber auch dort wurde er die innere Unruhe nicht los. Mitte September schrieb er an seine Frau: »Jetzt bin ich schon vierzehn Tage hier auf dem Land, aber von dir habe ich noch keinen Brief bekommen. Es ist traurig, mein Engel. Und mir kommen keine Verse in den Kopf; und am Roman kann ich nicht weiterschreiben. Ich lese Walter Scott und die Bibel, und ich denke immer an euch.« Nach Petersburg zurückgekehrt, mußte er weiter in der Großen Welt leben. Gelegentlich hörte er zusammen mit Shukówski Vorlesungen an der Petersburger Universität, wo Gogol als Historiker tätig war. Puschkin schätzte den zehn Jahre jüngeren Dichter hoch; er vertraute ihm das Sujet der »Toten Seelen« an, aus dem er selbst »so etwas wie ein Poem« hatte machen wollen.

Die wichtigsten Werke, die Puschkin 1834 schrieb, sind folkloristischer Art: das »Märchen vom Goldenen Hahn« (in dem russische Märchenmotive mit einer satirisch-philosophischen Erzählung F. M. Klingers und einer Legende W. Irvings verarbeitet sind)[6] und der Zyklus »Lieder der Westslawen« (der auf P. Mérimées Liedersammlung »La Guzla« zurückgeht). Folkloristisch orientiert ist auch die historische Arbeit, die Puschkin 1834 abschließen und veröffentlichen konnte: die »Geschichte Pugatschóws«, die sehr genau, aufgrund von Archivmaterial und Zeugenaussagen, den faktischen Verlauf des Bauernaufstandes von 1773–75 beschreibt und die widersprüchliche Gestalt des »Usurpators« zum Vorschein bringt. Aber der Erfolg, den sich Puschkin von dieser Arbeit versprach, blieb aus. Im Februar 1835 notierte er in sein Tagebuch (das er übrigens selten benutzte): »In der Öffentlichkeit schimpft man sehr über meinen Pugatschów, und was noch schlimmer ist – man kauft ihn nicht.«

Wachsende finanzielle Probleme und neue Schwierigkeiten mit dem Zensurkomitee, das sich zwischen ihn und den Zaren schaltete, zwangen ihn, sich mit Bittbriefen an den von ihm verachteten, aber notwendigerweise »hochverehrten« Polizeichef Benckendorff zu wenden und zaristische Hilfe anzunehmen. Des Lebens in der Petersburger Großen Welt überdrüssig, hoffte er wiederum auf einen fruchtbaren Herbst, diesmal in Michäilowskoje. Aber hier fehlte ihm die früher gewohnte warme Atmosphäre – seine geliebte Njanja war 1828 gestorben. In Versen und Briefen bezeugt er seine traurige Erinnerung an die »einzige Freundin« seiner Hausarrest-Zeit. Die innere Unruhe quälte ihn auch hier. Am 11. Oktober schrieb er an Pletnjów: ». . . Einen so unfruchtbaren Herbst hab ich noch nie in meinem Leben gehabt . . . Zur Inspiration braucht man Ruhe des Herzens, aber ich bin überhaupt nicht ruhig.«

Die innere Unruhe und Unzufriedenheit, die Sehnsucht nach Inspiration, das Problem der materiellen Abhängigkeit und geistigen Unabhängigkeit, das Bemühen um Balance der dichterischen Existenz zwischen Großer Welt und »absoluter« Poesie – diese persönliche Problematik des Dichters macht sich in der fragmentarischen Erzählung »Ägyptische Nächte« so deutlich geltend, wie es Puschkin sonst nur gelegentlich in seinen Gedichten zuließ[7]. Vielleicht hat gerade dieser Mangel an thematischer Distanz zwischen dem Autor und seinen Personen zum Abbruch der Erzählung geführt. Jedenfalls ist in dem Roman »Die Hauptmannstochter«, den Puschkin schließlich 1836 vollendete, die Distanz des Autors zur erzählten Wirklichkeit ein maßgebliches thematisches und methodisches Prinzip.

Die historische Distanz als literarische Möglichkeit war für Puschkin dank W. Scott kein Novum, und aufgrund seiner Pugatschów-Studien konnte er die geschichtliche Sphäre seines

Romans realistisch konkretisieren. Aber die historische Distanz ist nur eine Komponente der distanzierten Autor-Position, die im wesentlichen durch die Erzählerfigur und deren Spaltung in den jungen, spontanen und den reifen, besonnenen Grinjów geprägt ist. Der junge Grinjów, dessen Lebensgeschichte erzählt wird, ist am moralischen Bewußtsein des erzählenden Ich orientiert.

Von seinem klassizistisch-konservativen Vater wird der junge Grinjów, dem Gutsbesitzersstand gemäß, zum »Dienst« am Staat verpflichtet. Da der Junge aber bereits sentimentalistisch angekränkelt ist, versteht er unter »Dienst« den freizeitlichen Status eines »Gardeoffiziers« und die »Freiheit und die Freuden des Petersburger Lebens«. Humorvoll-ironisch ist der Grundton, mit dem der erzählende Grinjów die Lebensgeschichte seines unbefangenen jugendlichen Ich begleitet. Auf dem Weg in die entlegene Provinzstadt Orenburg, die der Vater anstelle von Petersburg seinem Sohn als Dienstort vorgeschrieben hat, wird Grinjów durch einen älteren Offizier dann doch in den heimlich erwünschten »Dienst« eingewiesen: in Spiel und Flirt. »Mit unruhigem Gewissen und stummer Reue« empfindet Grinjów seine »Schuld« gegenüber seinem Diener, dem Aufpasser und Betreuer, den ihm seine Eltern mitgegeben haben. Ein Schneesturm beschert ihm dann die zufällige Begegnung mit einem geheimnisvollen Bauern, der ihm nachts im Traum als sein »Brautvater« erscheint und sich später als Pugatschów erweist. Gutmütig-leichtfertig schenkt Grinjów ihm sein Hasenfell, ein Geschenk, das ihm bald darauf sein Leben rettet: Es macht den grimmigen Pugatschów ihm gegenüber gewissermaßen zu einem sanften, freundlichen Hasen. Pugatschów ist in der »Hauptmannstochter« – ähnlich wie Peter I. im »Ehernen Reiter« – enthistorisiert: Der berühmte und berüchtigte »Usurpator« fungiert fast durchweg als der dankbare »Brautvater«, der dem jungen Grinjów zur moralischen Selbständigkeit, zur Unabhängigkeit auch gegenüber dem eigenen Vater, zur selbstbewußten Behauptung seiner Menschlichkeit verhilft und ihm schließlich die geliebte Hauptmannstochter übergibt.

Anders als in den Vers- und Prosa-Erzählungen Puschkins, anders auch als in »Eugen Onégin«, hingegen ähnlich wie in den Roman-Fragmenten »Der Mohr Peters des Großen« und »Dubrówski«, verhält es sich in der »Hauptmannstochter« mit der zentralen Thematik, die das werkgemäße Leserinteresse beansprucht: Thematisiert ist aus der Distanz des erzählenden Ich die konkrete, historisch fundierte Wirklichkeit des erzählten Ich; es geht um die Lebens- und Liebesgeschichte des Helden in den Jahren 1773–75; sein Selbst- und Seinsverständnis ist darin integriert, aber nicht thematisch in Frage gestellt. Unter diesem (thematischen und zugleich methodischen) Aspekt unterscheidet sich Puschkins »Hauptmannstochter« nicht prinzipiell von den zeitgenössischen russischen und europäischen Erzählwerken des beginnenden Realismus.

Puschkin konnte seinen Roman noch im selben Jahr, 1836, veröffentlichen, und zwar in der Zeitschrift »Der Zeitgenosse«, die er selbst seit Anfang des Jahres herausgab. In einem Brief an Benckendorff vom 31. Dezember 1835 hatte Puschkin um die Erlaubnis gebeten, »im folgenden Jahr vier Bände mit rein literarischen (Erzählungen, Gedichten etc.), historischen, wissenschaftlichen Artikeln und mit kritischen Rezensionen der russischen und ausländischen Literatur herauszugeben; in der Art der englischen Dreimonats-Reviews«. Da er »auf die Beteiligung an allen unseren Zeitschriften verzichtet« habe, habe er »sich auch der eigenen Einkünfte beraubt«. Die »Herausgabe einer solchen Zeitschrift« könnte ihm »erneut Unabhängigkeit gewährleisten«. Tatsächlich erhielt er die Erlaubnis, und er bewies nun auch als Publizist seine geistige Souveränität, und zwar sowohl in seinen eigenen Aufsätzen und Rezensionen, als auch in seiner Auswahl der Mitarbeiter und ihrer Beiträge. Er machte den »Zeitgenossen« zum Kommunikationsforum und »Weltkultur«-Zentrum der geistigen Elite Rußlands, die sich dem konservativen nationalen Provinzialismus (besonders des Bulgárin-Kreises) genau so wenig anpassen konnte wie dem westeuropasüchtigen Fortschritts-Ideologismus. Zu den Mitarbeitern am »Zeitgenossen« gehörten Gogol, Shukówski, Wjásemski, Pletnjów, der Schelling-Idealist Odójewski, die Lyriker Baratýnski, Tjútschew, Kolzów und viele andere. Freilich konnte der »Zeitgenosse« wegen seines hohen geistigen Niveaus nur eine kleine Zahl von Zeitgenossen ansprechen. Ein Jahr nach

Puschkins Tod ging er ein, lebte jedoch zehn Jahre später, als Literatur und Leser populärer geworden und einander näher gekommen waren, unter Nekrásow wieder auf und entwickelte sich in den fünfziger Jahren zu dem maßgeblichen Propaganda-Medium der revolutionären Demokraten (Tschernyschéwski, Dobroljúbow).
Puschkin selbst qualifizierte den »Zeitgenossen« als »Fortsetzung der ›Literaturzeitung‹«, die sein Lyzeumsfreund Delwig 1830/31 herausgegeben hatte und an der er selbst als verantwortlicher Redakteur beteiligt gewesen war. Shukówski, Wjásemski, Pletnjów, Baratýnski hatten schon an der »Literaturzeitung« mitgewirkt. Puschkins Aufsätze in den beiden Zeitschriften betrafen die zeitgenössische und die ältere russische Literatur, die klassische »Weltliteratur« (Shakespeare, Milton, Voltaire, Goethe, Byron, W. Scott) und darüber hinaus Geschichte, Politik, Philosophie.

Um als Publizist – trotz Zar und Zensur – seine Wahrheit zum Vorschein zu bringen, mußte sich Puschkin oft einer »äsopischen« Sprache bedienen, die seine wahren Intentionen verschleierte. So verfaßte er z. B. seine »Reise von Moskau nach Petersburg« als kritische Umkehr der streng verbotenen, revolutionär polemischen »Reise von Petersburg nach Moskau«, die Radíschtschew 1789 geschrieben und 1790 publiziert hatte. Zweifellos wollte Puschkin mit seiner umgekehrten »Reise« – ebenso wie mit seinem Aufsatz über den Autor Alexander Radíschtschew selbst – unter dem Deckmantel der Kritik auf die Aktualität des radikalen Kritikers (der von Katarina II. nach Sibirien verbannt worden war) aufmerksam machen; zweifellos wollte er damit aber gleichzeitig seine eigene, aristokratisch-humanistisch fundierte Distanz gegenüber diesem »Verbrecher« bekunden, dem er »ungewöhnlichen Geist«, »bewundernswerte Selbstaufopferung und ritterliche Gewissenhaftigkeit« trotz »wahnsinniger Irrtümer« zuerkannte. An der ausdrücklichen Bekundung seiner Distanz mußte ihm um so mehr gelegen sein, als er sich seiner spontanen, emotionalen Nähe zu diesem Aufrührer – wie überhaupt zu jedem moralisch engagierten Aufrührer – wohl bewußt war. Auf den Spuren von Radíschtschew und von Pugatschów mochte ihm seine Identität mit seinem jugendlichen Ich, dem

Dichter von Freiheitsoden und satirischen Epigrammen, dem verfolgten und verbannten Dekabristen-Freund, besonders gegenwärtig sein. Jedenfalls distanzierte er sich von dem moralisch verführerischen »Wahnsinn« eines Radíschtschew und eines Pugatschów ausdrücklicher, rationaler, nachdenklicher als von dem unmoralischen »Wahnsinn« Hermanns, Don Juans, Salieris, des »Vorsitzenden«, des »geizigen Ritters«. Sein historisch fundiertes, existentiell realistisches Seinsverständnis machte ihn zu einem moralischen Demokraten, der seiner Zeit gemäß nur humanistischer Aristokrat sein konnte. Seinen aristokratischen Humanismus hat Puschkin als Dichter, als Kritiker, als Historiker offen und »äsopisch« artikuliert.

Von dieser Position aus beobachtete er skeptisch die Entwicklung von Demokratie in der zeitgenössischen westlichen Welt. »Mit Verwunderung sehen wir die Demokratie in ihrem widerwärtigen Zynismus, in ihren grausamen Vorurteilen, in ihrer unerträglichen Tyrannei. Alles Edle, Selbstlose, alles, was die Seele des Menschen erhöht, wird unterdrückt durch unerbittlichen Egoismus und Sucht nach Wohlstand (comfort); eine Mehrheit, die dreist die Gesellschaft knechtet; Negersklaverei inmitten von Bildung und Freiheit; Streit um Herkunft und Vorfahren in einem Volk, das keinen Adel besitzt; auf Seiten der Wähler Gier und Neid; auf Seiten der Regierenden Ängstlichkeit und Kriecherei . . . Das ist das Bild der Amerikanischen Staaten, das uns vor kurzem gezeigt worden ist.« Mit solchem moralischen Engagement referiert und kommentiert Puschkin die »Aufzeichnungen John Tanner's«, die 1830 in New York und 1835 in Paris in französischer Übersetzung erschienen waren. Puschkin veröffentlichte seinen dreißig Seiten langen Aufsatz im dritten Band des »Zeitgenossen« (1836).

Zu moralischem Engagement fühlte sich Puschkin als Dichter und als Aristokrat verpflichtet, sowohl in bezug auf die »Menschheit«, als auch ganz konkret in bezug auf die »russischen Neger«, die Leibeigenen, das einfache russische Volk. Um so mehr fühlte er sich persönlich verletzt, wenn sein Aristokratentum – etwa mit Hinweis auf seinen abessinischen Neger-Vorfahren – spießbürgerlichhämisch und neidisch in Frage gestellt wurde. Bulgárins intrigante Sticheleien provozierten ihn z. B. zu dem ironisch-satirischen Gedicht »Meine Ahnentafel« (1830). Unmißverständlich bezeugte er auch mit seiner »Entgegnung auf Kritik« (1830), daß er sein Aristokratentum gerade als Bedingung der Möglichkeit seiner geistigen Unabhängigkeit und seines moralischen Engagements betrachtete: »Aber von wem auch immer ich abstammen mag, ob von Bürgern, die zu Adligen geworden sind, oder von einem historischen Bojarengeschlecht, einem der ältesten russischen Geschlechter . . ., meine Denkart hängt davon nicht im mindesten ab . . . Wie meine Denkart auch sein mag, nie habe ich mit jemandem den demokratischen Haß gegen den Adel geteilt. Immer habe ich den Adel als notwendigen und natürlichen Stand eines großen, gebildeten Volks angesehen.«

Aus Puschkins Gedichten, Briefen, Notizen der letzten Lebensjahre spricht oft ein verletzter und verletzlicher Dichter, ein Dichter, der sich einsam, isoliert und mißverstanden fühlte, sich arroganter Zensur und intriganter Kritik ausgesetzt sah, sich aus gesellschaftlicher und politischer Abhängigkeit zu befreien suchte. Seine Abscheu gegen jegliche weltliche Macht, seine Liebe zum einfachen, ohnmächtigen Volk bekundet sich nun (1836) ausdrücklich in Verbindung mit christlich-religiösen Motiven, z. B. in den Gedichten »Weltliche Macht«, »Die Eremiten-Mönche und die frommen Frauen . . .« sowie in fragmentarischen Versen.

Weder in der Arbeit an der »Geschichte Peters I.« noch in der am »Zeitgenossen« fand Puschkin Befriedigung. Die Erinnerung an den Kreis der Freunde aus dem Lyzeum von Zárskoje Seló ließ ihn eine glückliche Vergangenheit gegenüber einer fragwürdigen Gegenwart und Zukunft sehen. Das elegische Gedicht, das er dem 25. Jahrestag der Gründung des Lyzeums widmete, ist Fragment geblieben (1836); sein Thema ist die Vergänglichkeit. Der Gedanke an die künftige Unsterblichkeit, die ihm als Dichter in Rußland zuteil würde, inspirierte ihn zwar zu so einem selbstbewußten Gedicht wie »Exegi monumentum . . .«, versöhnte ihn aber nicht mit seiner gegenwärtigen Situation in der Literaturkritik und in der Großen Welt.

Die Vertreter der zaristischen Ministerialbürokratie, die sich durch Puschkin oft brüskiert fanden, suchten ihrerseits den »Unabhängigen« zu reizen und zu Fall zu bringen. Sie unterstützten Intrigen um Puschkins Frau, und Puschkin ließ sich, reizbar und verletzlich, wie er in den letzten Jahren geworden war, trotz Shukówskis Vermittlungsbemühung in eine niedrige Affäre der Großen Welt verstricken. Am 27. Januar 1837 wurde er von einem westeuropäischen Diplomatensohn im Duell tödlich verletzt, am 29. Januar starb er in Gegenwart von Shukówski, Wjásemski und anderen Freunden.

Rückblick

Im Rückblick auf Puschkins Leben und Werk zeigt Dostojewskis (anfangs zitierte) enthusiastische, intuitive Deutung des geliebten »prophetischen« Dichters ihre latente Wahrheit: Tatsächlich hat ja schon Puschkin – freilich aus größerer poetischer Distanz als der Romancier Dostojewski – den Wahnsinn, die Hybris, die Selbstentfremdung und Orientierungslosigkeit des »absoluten«, »fundamentlosen« Individuums thematisiert und mit dieser Thematik die Frage nach der Möglichkeit fundamentaler Existenzorientierung und wahrhaft menschlicher Existenz verbunden. Gerade als existentieller Realist war Puschkin für Dostojewski der russische Dichter, der die geschichtlichen, sozialen, nationalen und individuellen Gegensätze poetisch aufheben konnte in der Entdeckung des menschlich Möglichen. Die spezifische poetische Substanz von Puschkins existentiellem Realismus war für Dostojewski kein Problem: Puschkin dichtete eben seiner Zeit gemäß größtenteils in Versen. Für den nichtrussischen Leser ist aber gerade Puschkins Verssprache und Verskunst in ihrer maßgeblichen poetisch-thematischen Bedeutung kaum begreifbar. Ein weiteres Hindernis für die Kommunikation zwischen Puschkin und seinem Leser, auch dem russischen, ist Puschkins berühmter »Lakonismus«: Puschkin überläßt es dem Leser, jeweils den eigentlichen Sinn seines Werks zu entdecken; er sucht seine Figuren in ihren Situationen und Stimmungen nicht realistisch – soziologisch und psychologisch – zu fixieren und begreifbar zu machen; vielmehr läßt er ihnen einen Spielraum, den der Leser als »Kollege« des Autors mit seiner eigenen Phantasie, aufgrund seines eigenen Seinsverständnisses, ausfüllen muß, freilich gemäß der genauen Spielregel des Autors. Diese Leseaufgabe hat – wie die Rezeptions- und Interpretationsgeschichte von Puschkins Werken zeigt – in der Kommunikation zwischen Puschkin und seinem Leser zu Mißverständnissen, auch in Rußland, geführt. Aber die sprachliche Kunst, die Puschkin befähigte, nicht nur seine Wahrnehmungen, Gedanken, Gefühle, Stimmungen, sondern auch sich selbst, in seiner existentiellen und dichterischen Identität, so mitzuteilen, daß sein intendierter Leser sich mit ihm identifizieren kann, – diese Kunst läßt ihn, »so weit wie Rußland reicht«, auch in Zukunft gegenwärtig sein.

Anmerkung zum Kapitel: »Puschkin in Rußland«

1 M. P. Alexejew, Puschkin und die Weltliteratur, Leningrad 1987*. Vgl. auch S. Bondi, Über Puschkin, Moskau 1983, S. 442–477*.

Anmerkungen zum Kapitel: »Das poetische Wunderkind«

1 Zu Puschkins Leben und Werk: V. Setschkareff, Alexander Puschkin, sein Leben und sein Werk, Wiesbaden 1963; G. Ziegler, Alexander S. Puschkin in Selbstzeugnissen und Bilddokumenten, Reinbek 1979. In russischer Sprache: A. Gessen, Das Leben eines Dichters, Moskau 1972*; D. D. Blagoi, Zu Puschkins Leben und Werk, Moskau 1979*; Ju. M. Lotman, Alexander S. Puschkin, Biographie, Leningrad 1983*; B. Kuleschow, Puschkins Leben und Werk, Moskau 1987*; N. Eidelman, Puschkin, aus Leben und Werk (1826–1837), Moskau 1987*.
2 Zur Wandlung des Lyrikers Puschkin: W. W. Winogradow, Puschkins Stil, Moskau 1941*; S. 8: »Der junge Puschkin (bis etwa 1818/19) und der Puschkin um die Mitte der zwanziger Jahre schrieben in verschiedenen Sprachen.«
3 Vgl. Ju. Tynjanow, Puschkin, Archaisten und Neuerer, Leningrad 1929*.
4 Vgl. N. Eidelman, Puschkin und die Dekabristen, Moskau 1979*.

Anmerkungen zum Kapitel: »Die romantischen Verserzählungen«

1 W. Shirmunski, Byron und Puschkin, Leningrad 1924*.
2 Zu Puschkins »südlichen Poemen«: A. Gurewitsch, Vom »Gefangenen im Kaukasus« zu den »Zigeunern«, Moskau 1974*; M. Kagan, Über Puschkins Poeme, Moskau 1974*; K. Hielscher, A. S. Puškins Versepik, Autoren-Ich und Erzählstruktur, München 1966.

Anmerkungen zum Kapitel: »Eugen Onégin«

1 Ein maßgeblich informativer Kommentar zu »Eugen Onégin«: Ju. M. Lotman, Puschkins Roman »Eugen Onégin«, Leningrad 1980*. Zur Rezeptions- und Interpretationsgeschichte von »Eugen Onégin«: I. E. Usok, Puschkins Roman »Eugen Onégin« und seine Rezeption in Rußland im 19. und 20. Jahrhundert, Moskau 1979*, S. 239–302. Gewissermaßen eine esoterische Schmetterlingssammlung zu »Eugen Onégin« bietet V. Nabokovs Prosa-Übersetzung und Kommentar: V. Nabokov, »Eugen Onégin«, A Novel in Verse by A. Pushkin, Bollingen Foundation 1964. Zur Deutung und Interpretation von »Eugen Onégin«: D. D. Blagoi, Puschkins Meisterschaft, Moskau 1955*; S. M. Bondi, A. S. Puschkin »Eugen Onégin«, Moskau 1964* (1936); S. Botscharow, Puschkins Poetik, Moskau 1974*; W. W. Winogradow, Puschkins Stil, Moskau 1941*; Ju. M. Lotman, Puschkins Versroman »Eugen Onégin«, Tartu 1975*. Für deutsche Leser mit russischen

Sprachkenntnissen: R.-D. Keil, Alexander Puschkin, Jewgenij Onégin, deutsche Fassung und Kommentar, Gießen 1980.

2 Übersetzung: U. Busch, A. Puschkin »Eugen Onégin«, Zürich 1981.

3 Vgl. W. A. Grechnjow, Der Dialog mit dem Leser in Puschkins Roman »Eugen Onégin«, Leningrad 1979*.

4 Vgl. L. Grossman, Die Onegin-Strophe, Moskau 1928*.

5 Vgl. S. G. Botscharow, Puschkins Poetik, Moskau 1974*, S. 26 ff.

6 In Belínskis Richtung argumentiert z. B. G. Makogonenko, Puschkins »Eugen Onégin«, Moskau 1971*; in Dostojewskis Richtung hingegen B. Meilach, Talisman, ein Buch über Puschkin, Moskau 1975*.

Anmerkungen zum Kapitel: »Lyrik«

1 Zur genrespezifischen Substanz und genresprengenden Kraft dieser existentiell fundierten Tonarten: W. A. Grechnjow, Puschkins Lyrik (Über die Poetik der Genres), Gorki 1985*.

2 Zur Rezeptions- und Interpretationsgeschichte dieser »Legende«: R. W. Jesuitowa: »Legende«, Leningrad 1974*, S. 139–176.

Anmerkungen zum Kapitel: »Borís Godunów«

1 Vgl. B. P. Gorodeckij, Puschkins Tragödie »Borís Godunów«, Leningrad 1969*.
Zur Entstehungs- und Wirkungsgeschichte von »Borís Godunów»: N. F. Filippowa, Puschkins nationales Drama »Borís Godunów«, Moskau 1972*.

Anmerkungen zum Kapitel »Prosaisierung der Dichtung«

1 Zu Puschkins Realismus: S. Bondi, Über Puschkin, Moskau 1983* (1978); G. Friedländer, Puschkin – Bahner neuer Wege der russischen Literatur, Moskau 1983*, S. 3–79; W. Kuleschow, Puschkins Leben und Werk, Moskau 1987*.

2 Zu Puschkins Auseinandersetzung mit dem Zaren: N. Eidelman, Puschkin, Aus Biographie und Werk, 1826–1837, Moskau, 1987*.

Anmerkungen zum Kapitel »Bélkins Erzählungen«

1 Zu Puschkin und Bélkin: S. G. Botscharow, Puschkins Poetik, Moskau 1974*, S. 127–185.

2 Zur parodistischen Funktion von Bélkin und zur parodistischen Intertextualität von »Bélkins Erzählungen«: P. Debreczeny, The Other Pushkin, Stanford 1983, S. 56–137. Vgl. auch L. S. Sidjakow, Die künstlerische Prosa A. S. Puschkins, Riga 1973*; J. D. Clayton, Parody and Burlesque in the work of A. S. Pushkin, Urbana 1971.

3 D. Blagoj, Puschkins Meisterschaft, Moskau 1955*; N. L. Stepanow, Puschkins Prosa, Moskau 1962*; S. M. Schwarzband, Puschkins Erzählung »Der Schuß« (Versuch einer Analyse der inneren Struktur), Nowosibirsk 1971*; G. P. Makogenenko, Puschkins Werke der 30er Jahre (1830–33), Leningrad 1974*, und viele andere. Noch 1987 wird Silvios Tod in der Schlacht bei Skuleni als Opfer für eine »gute Sache« angesehen: W. Kuleschow, Moskau 1987*, S. 292. Da nun aber Silvios Rache an dem Grafen nicht mehr positiv – als »sinnvoll« – beurteilt wird, bleibt Silvios romantischer Heroismus zweideutig. Vgl. W. E. Wazuro, Puschkins »Erzählungen Belkins«, Moskau 1981*, S. 32; N. N. Petrunina, Puschkins Prosa, Leningrad 1987*, S. 146.

4 W. Schmid, Intertextualität und Komposition in Puschkins Novellen ›Der Schuß‹ und ›Der Posthalter‹, 1981, S. 98–132.

5 U. Busch, Puschkin und Silvio, Göttingen 1963.

6 Zur »psychologischen Kollision« der Helden: W. E. Wazuro, Puschkins »Erzählungen Bélkins«, Moskau 1981*, S. 37 f.; N. N. Petrunina, Puschkins Prosa, Leningrad 1987*, S. 149.

7 S. G. Botscharow, Über den Sinn des »Sargmachers«, Moskau 1985*.

8 N. L. Stepanow, Die Charakterisierung in Puschkins Prosa, 1961*; N. I. Michailowa, Strukturelle Besonderheiten der ›Erzählungen Bélkins‹, 1976*; ebenso viele andere.

9 W. Schmid, Intertextualität und Komposition in Puschkins Novellen »Der Schuß« und »Der Posthalter«, 1981, S. 98–132.

10 Vgl. P. Debreczeny, The Other Pushkin, Stanford 1983, S. 56–79.

Anmerkungen zum Kapitel »Die kleinen Tragödien«

1 Zur thematischen Einheit der »kleinen Tragödien«: R. Gregg, The Eudaemonic Theme in Pushkin's »Little Tragedies«, New York 1976, S. 178–195; R. Poddubnaja, Puschkins »Kleine Tragödien« als künstlerischer Zyklus, Katowice 1977*, S. 27–42.
Vgl. auch J. Brun-Zejmis, Die kleinen Tragödien und Belkins Erzählungen: Western Idolatry and Pushkinian Parodies, Michigan 1978, S. 65–75.

2 Vgl. Anna Achmatowa, Puschkins »Steinerner Gast«, Leningrad 1958*, S. 185–195; W. Kuleschow, Puschkins Leben und Werk, Moskau 1987*, S. 287 f.

3 Vgl. V. Terras, Puškin's »Feast During the Plague« and its Original: A Structural Confrontation, New York 1976, S. 206–220.

4 Bemerkenswert ist, daß in der Sowjetunion maßgebliche Puschkin-Forscher noch in den 60er und 70er Jahren den vier »kleinen Tragödien« eine optimistische, lebensbejahende Botschaft abgelesen haben. Vgl. D. D. Blagoi, Puschkins schöpferischer Weg, Moskau 1967*, S. 659–667; G. P. Makogonenko, Puschkins Werke der 30er Jahre (1830–33),

Leningrad 1974*, S. 153–240. Übrigens finden sich Nachklänge dieser Auffassung noch in neuester Zeit. Vgl. W. Kuleschow, Puschkins Leben und Werk, Moskau 1987*, S. 288: »Die Tapferkeit Walsinghams (des Vorsitzenden beim ›Gelage . . .‹) ist ein glänzendes Vorbild für alle Helden der früheren Szenen (›kleinen Tragödien‹): als die Fähigkeit, ›Begeisterung‹ im Kampf zu finden« (im Kampf gegen Pest, Tod und Todesangst).

5 Vgl. S. Bondi, Über Puschkin, Moskau 1983* (1978), S. 222–306; W. Kuleschow, Puschkins Leben und Werk, Moskau 1987*, S. 288 f.

Anmerkungen zum Kapitel »Die späteren Verserzählungen«

1 B. Meilach, Talisman, ein Buch über Puschkin, Moskau 1975*, S. 141–153; G. P. Makogonenko, Puschkins Werke der 30er Jahre (1830–33), Leningrad 1982*, S. 112; W. Kuleschow, Puschkins Leben und Werk, Moskau 1987*, S. 334 f.

2 Zur Interpretation und Interpretationsgeschichte: A. Knigge, Puschkins Verserzählung »Der eherne Reiter« in der russischen Kritik, Amsterdam 1984.

3 Vgl. A. Knigge, Puschkins Verserzählung »Der eherne Reiter«, Amsterdam 1984, S. 54–70.

4 B. W. Tomaschewski, Puschkin, Zweites Buch, Moskau-Leningrad 1961*, S. 154–199 (Puschkins Historismus); I. M. Toibin, Puschkin, Seine Werke der 1830er Jahre und das Problem des Historismus, Woronesch 1976*. Vgl. J. Striedter, Dichtung und Geschichte bei Puschkin, Konstanz 1977.

5 A. Knigge, Puschkins Verserzählung »Der Eherne Reiter«, Amsterdam 1984.

6 Vgl. M. P. Alexejew, Puschkin und die Weltliteratur, Leningrad 1987*, S. 502–541.

Anmerkungen zum Kapitel »Die späteren Prosawerke; die letzten Lebensjahre«

1 Zur literaturgeschichtlichen Tradition von »Dubrówski« und zu Puschkins Problem mit diesem Werk: P. Debreczeny, The Other Pushkin, Stanford 1983, S. 138–185; N. N. Petrunina, Puschkin auf dem Weg zum Prosaroman, »Dubrówski«, Leningrad 1979*, S. 141–167.

2 Zur komplexen auktorialen Methode: W. W. Winogradow, Der Stil von »Pique Dame«, Moskau-Leningrad 1936*, S. 74–147; S. G. Botscharow, Puschkins Poetik, Moskau 1974*, S. 186–206; P. Debreczeny, The Other Pushkin, Stanford 1983, S. 209 ff. Zur Entstehungsgeschichte: N. N. Petrunina, Puschkins Prosa, Leningrad 1987*, S. 199–240.

3 Vgl. K. Städtke, Zur Geschichte der russischen Erzählung (1825–1840), Berlin 1975, S. 142. Zur Psychologie der Personen in »Pique-Dame«:

G. Krasuchin, Ruhe und Freiheit (Einige Probleme von Puschkins Werk), Moskau 1987*, S. 178–234.

4 Zu Puschkins Spiel mit den mythischen Zahlen: P. Debreczeny, The Other Pushkin, Stanford 1983, S. 219 ff.

5 Vgl. P. Debreczeny, The Other Pushkin, Stanford 1983, S. 194–238.

6 M. P. Alexejew, Puschkin und die Weltliteratur, Leningrad 1987*, S. 502–541.

7 Zum entstehungsgeschichtlichen Zusammenhang der Erzählung: N. N. Petrunina, Puschkins Prosa, Leningrad 1987*, S. 288–321.

Literaturverzeichnis

A. Achmatova, »Kamennyj gost'« Puškina; in: Puškin, Issledovanija i materialy II, S. 185–195. Leningrad 1958.

M. P. Alekseev, Puškin; Sravnitel'no-istoričeskie issledovanija. Leningrad 1984.

M. P. Alekseev, Puškin i mirovaja literatura. Leningrad 1987.

D. D. Blagoj, Duša v zavetnoj lire; Očerki žizni i tvorčestva Puškina. Moskva 1979.

D. D. Blagoj, Masterstvo Puškina. Moskva 1955.

D. D. Blagoj, Tvorčeskij put' Puškina. Moskva 1967.

S. G. Bočarov, Poetika Puškina; Očerki. Moskva 1974.

S. G. Bočarov, O smysle »Grobovščika«; in: O chudožestvennych mirach, S. 35–68. Moskva 1985.

S. Bondi, O Puškine; Stat'i i issledovanija. Moskva 1983 (1978).

S. M. Bondi, A. S. Puškin, »Evgenij Onegin«. Moskva 1964 (1936).

J. Brun-Zejmis, »Malen'kie tragedii« and »Povesti Belkina«: Western Idolatry and Pushkinian Parodies; in: Russian Language Journal Vol. XXXII (1978), S. 65–75.

U. Busch, Alexander Puschkin »Eugen Onegin«, Roman in Versen. Zürich 1981.

U. Busch, Puškin und Sil'vio; zur Deutung von »Vystrel«; eine Studie über Puškins Erzählkunst; in: Slawistische Studien zum V. Internationalen Slawistenkongreß in Sofia 1963, S. 401–425. Göttingen 1963.

J. D. Clayton, Parody and Burlesque in the Work of A. S. Pushkin. Urbana 1971.

P. Debreczeny, The Other Pushkin. Stanford 1983.

N. Ejdel'man, Puškin; iz biografii i tvorčestva 1826–1837. Moskva 1987.

N. Ejdel'man, Puškin i dekabristy. Moskva 1979.

N. F. Filippova, Narodnaja drama A. S. Puškina »Boris Godunov«. Moskva 1972.

G. Fridlender, Puškin – prolagatel'novych putej russkoj literatury; in: Literatura v dviženii vremeni, S. 3–79. Moskva 1983.

A. Gessen, Žizn'poeta. Moskva 1972.
B. P. Gorodeckij, Tragedija A. S. Puškina »Boris Godunov«. Leningrad 1969.
V. A. Grechnev, Dialog s čitatelem v romane Puškina »Evgenij Onegin«; in: Puškin, Issledovanija i materialy IX S. 100–109. Leningrad 1979.
V. A. Grechnev, Lirika Puškina; O poetike žanrov. Gor'kij 1985.
R. Gregg, The Eudaemonic Theme in Pushkin's »Little Tragedies«; in: Alexander Puškin, A Symposium on the 175th Anniversary of His Birth, New York 1976, S. 178–195.
L. P. Grossman, Oneginskaja strofa; in: L. Grossman, Sočinenija I, Sovremennye problemy. Moskva 1928.
A. Gurevič, Ot »Kavkazskogo plennika« k »Cyganam«; in: V mire Puškina, S. 63–84. Moskva 1974.
K. Hielscher, A. S. Puškins Versepik; Autoren-Ich und Erzählstruktur. München 1966.
R. V. Iezuitova, »Legenda«; in: Stichotvorenija Puškina 1820–1830-ch godov, S. 139–176. Leningrad 1974.
M. Kagan, O puškinskich poemach; in: V mire Puškina, S. 85–119. Moskva 1974.
R.-D. Keil, Alexander Puschkin »Jewgenij Onegin«, Roman in Versen; deutsche Fassung und Kommentar. Gießen 1980.
A. Knigge, Puškins Verserzählung »Der Eherne Reiter« in der russischen Kritik: Rebellion oder Unterwerfung. Amsterdam 1984.
G. Krasuchin, Pokoj i volja; Nekotorye problemy puškinskogo tvorčestva. Moskva 1987.
V. Kulešov, Žizn'i tvorčestvo A. S. Puškina. Moskva 1987.
Ju. M. Lotman, Aleksandr Sergeevic Puškin; Biografija pisatelja. Leningrad 1983.
Ju. M. Lotman, Roman A. S. Puškina »Evgenij Onegin«; Kommentarij. Leningrad 1980.
Ju. M. Lotman, Roman v stichach Puškina »Evgenij Onegin«. Tartu 1975.
G. Makogonenko, »Evgenij Onegin« A. S. Puškina. Moskva 1971.
G. P. Makogonenko, Tvorčestvo A. S. Puškina v 1830-e gody (1830–1833). Leningrad 1974.
B. Mejlach, Talisman; Kniga o Puškine. Moskva 1975.
N. I. Michajlova, O strukturnych osobennostjach »Povestej Belkina«; in: Boldinskie Čtenija, Gor'kij 1976, S. 78–83.
V. Nabokov, »Eugen Onegin«, A Novel in Verse by A. Pushkin. Bollingen Foundation 1964.
N. N. Petrunina, Puškin na puti k romanu v proze; »Dubrovskij«; in: Puškin, Issledovanija i materialy IX S. 141–167. Leningrad 1979.
N. N. Petrunina, Proza Puškina (Puti evoljucii). Leningrad 1987.
R. Poddubnaja, »Malen'kie tragedii« Aleksandra Puškina kak chudožest-

vennyj cikl; in: Rusycystyczne studia literaturoznawcze 2 (1977), S. 27–42.
W. Schmid, Intertextualität und Komposition in Puškins Novellen »Der Schuß« und »Der Posthalter«; in: Poetica 13 (1981), S. 82–132.
V. Setschkareff, Alexander Puschkin, sein Leben und sein Werk. Wiesbaden 1963.
K. Städtke, Zur Geschichte der russischen Erzählung (1825–1840). Berlin 1975.
L. S. Sidjakov, Chudožestvennaja proza A. S. Puškina. Riga 1973.
N. L. Stepanov, Izobraženie charakterov v proze Puškina; in: Russkaja literatura 1961, S. 3–24.
N. L. Stepanov, Proza Puškina. Moskva 1962.
J. Striedter, Dichtung und Geschichte bei Puškin. Konstanz 1977.
S. M. Švarcband, Povest'A. S. Puškina »Vystrel«; Opyt analiza vnutrennej struktury; in: Voprosy literatury (Novosibirsk), S. 42–52. 1971.
V. Terras, Puškin's »Feast During the Plague« and its Original: A Structural Confrontation; in: Alexander Puškin, a Symposium on the 175th Anniversary of His Birth, S. 206–220. New York 1976.
I. M. Tojbin, Puškin; Tvorčestvo 1830-ch godov i voprosy istorizma. Voronez 1976.
B. V. Tomaševskij, Puškin I (1813–1824). Moskva–Leningrad 1956; Puškin II (1824–1837). Moskva–Leningrad 1961.
Ju. I. Tynjanov, Puškin i ego sovremenniki. Moskva 1969.
I. E. Usok, Roman A. S. Puškina »Evgenij Onegin« i ego vosprijatie v Rossii XIX–XX vv.; in: Russkaja literatura v istoriko-funkcional'nom osveščenii, S. 239–302. Moskva 1979.
V. E. Vacuro, A. S. Puškin, »Povesti Belkina«. Moskva 1981.
V. V. Vinogradov, Stil' »Pikovoj damy«; in: Puškin, Vremennik puškinskoj komissii II S. 74–147. Moskva–Leningrad 1936.
V. V. Vinogradov, Stil'Puškina. Moskva 1941.
G. Ziegler, Alexander S. Puschkin, in Selbstzeugnissen und Bilddokumenten (rowohlts monographien 279). Reinbek 1979.
V. M. Žirmunskij, Bajron i Puškin. Leningrad 1924 (1978).